Marco Legal de la Exploración Minera en Venezuela: De la libertad de explorar, a la reserva estratégica de la nación

Ramón José Bahri Pinto

Editor, BAHRIPINTO

ISBN: 978-980-18-4919-3
Depósito Legal: CA2024000189

ISBN: 978-980-18-4919-3

BAHRI PINTO
EDITOR

CONTENIDO

PÁGINA

PÁGINA

RESUMEN

Se identificó en los títulos revisados, que antes de la llegada de los conquistadores españoles a estas tierras, ya el Rey Don Juan I, en 1387, había promulgado la Ordenanza de Bribiesca, mediante la cual se estableció que no eran necesarias para cavar, buscar y catar las minas, las licencias reales, quedando pendiente el pago de una regalía al monarca, lo cual puede considerarse como una "libertad de explorar"; posterior al asiento de Colón y su tripulación, la corona pide intensificar la exploración minera, en su afán, por conseguir el yacimiento prometido y llegar a EL DORADO, punto de partida de cualquier investigación respecto de minerales en nuestro país, puesto que marcó el destino de la actividad extractiva en toda Latinoamérica.

El primer escollo que consiguieron de frente, una férrea resistencia indígena, que solo la iglesia en su constante labor pastoral logró minimizar en el tiempo; se remonta a 1784 con la llegada a nuestras tierras de un texto legal minero por Real Resolución, las Ordenanzas de Minas de Nueva España, dictadas por Carlos III, el 22 de mayo de 1783, constituyendo de acuerdo a González L. (1966) el de mayor influencia para generar el Derecho Minero venezolano, estableciendo la propiedad de las minas a la corona. Ya alcanzada la independencia, el Libertador Simón Bolívar, dicta el Decreto de Quito en 1829, mediante el cual pasan en plena propiedad las minas a las repúblicas que recién habían sido libertadas, reafirmando el dominio del Estado sobre ellas, y aplicando el sistema regalista para establecer su régimen de aprovechamiento.

Luego, en tiempos del General José Gregorio Monagas para 1854, en el Código de Minas, se implementó la figura del permiso de averiguación, que permitía labores en suelos de propiedad particular y los baldíos, manteniéndose con algunas variantes que compartiremos en el desarrollo de la investigación, y se evidenció que la exploración en la Ley de 1945, se mantiene como actividad compartida entre el Estado propietario de las minas y los particulares, en aplicación del sistema regalista, a través de la exploración libre y la exploración exclusiva, instituciones que entran en desuso en 1977, al aparecer en escena el Decreto Nº 2.039, mediante el cual se reservó al Estado la actividad respecto de todas las sustancias existentes en el país.

Posteriormente, en 1999, tiempos de cambio constitucional en Venezuela, y justo en medio del debate constituyente, en el cual, el Poder Ejecutivo de entonces recibe una Ley Habilitante, y a finales del mes de septiembre de ese mismo año, a menos de tres meses del referendo aprobatorio de la Constitución de la República Bolivariana de Venezuela, entró en vigencia una nueva Ley de Minas, por intermedio del Decreto con Rango y Fuerza de Ley de Minas N° 295, ubicando aspectos jurídicos en su lugar. Declara de forma expresa la propiedad de los yacimientos y depósitos de minerales para la República, aplicando el sistema dominial para su aprovechamiento; le atribuye al Estado la obligación exploratoria y el inventario de los recursos mineros existentes en Venezuela, con la posibilidad, para los concesionarios en los primeros tres años de actividad, determinar mediante exploración, si el mineral existente en la mina, será industrial o mercantilmente explotable.

Durante los años que corrieron entre 2011 y 2015, mediante cuatro Decretos con Rango, Valor y Fuerza de Ley, dictados desde el Poder Ejecutivo, por quienes han gobernado en Venezuela durante el siglo XXI, (H. Chávez y N. Maduro), Decretos, a los que se les confirió el carácter de "Ley Orgánica", y se fueron derogando sucesivamente unos a otros, hasta llegar al publicado en la Gaceta Oficial de la República el día 30 de diciembre de 2015, último día posible dentro del lapso de la habilitación parlamentaria de entonces, norma mediante la cual se reservaron para el Estado las actividades de exploración y explotación del oro y demás minerales estratégicos, éstos últimos, los que se irán declarando con tal carácter, en la medida de las necesidades del país mediante la publicación de decretos presidenciales.

Se evidenció y por ello se deja constancia de sus especificaciones en el texto del trabajo, que, a partir del año 2006, y hasta el último momento de la gestión legislativa de la Asamblea Nacional 2016-2020, hubo varios intentos parlamentarios en sus distintas legislaturas, para reformar la Ley de Minas de 1999, todos hasta la presente fecha con aprobación en su primera discusión en la plenaria de la Asamblea Nacional del respectivo proyecto de Ley. Igualmente, fue sancionado por la Asamblea Nacional período 2016-2020, la Reforma al Decreto N° 2.165, con Rango, Valor y Fuerza de Ley Orgánica que Reserva al Estado las actividades de Exploración y Explotación del oro y Demás Minerales Estratégicos, publicado en Gaceta Oficial de la República N° 6.210, Extraordinaria de fecha miércoles 30 de diciembre de 2015, no pudiendo entrar en vigencia por sentencia del Tribunal Supremo de Justicia, que declaró su nulidad absoluta, iniciando un período de incertidumbre jurídica.

El Derecho Minero en Venezuela, encargado desde sus comienzos en aportar la doctrina tendente a facilitar la actividad del sector, determinar los alcances de la propiedad minera y los derechos que se confieren a los particulares para su aprovechamiento; especialmente en las actividades de exploración y explotación, contribuyendo así al proceso de formación de leyes, reglamentos, decretos y resoluciones, se ha incorporado últimamente en su estudio, los temas controvertidos referentes a las decisiones de los poderes Legislativo, Ejecutivo y Judicial, en torno a la situación político, gubernamental y social que ha tocado vivir en el tránsito del primer cuarto del siglo XXI.

Palabras clave: Exploración minera, propiedad minera, sistema regalista, sistema dominial, concesión, empresa mixta y reserva.

INTRODUCCIÓN

A treinta y cuatro años de iniciar el trajinar académico formal como docente activo, he mantenido particular interés por la investigación respecto del régimen legal sobre la materia minera en Venezuela, muy especialmente, por la bendición recibida para esta tierra en los diversos e ingentes recursos minerales con los que se cuentan en sus entrañas, y el beneficio que para nuestro país ella puede representar; en un primer momento, es grato recordar, durante la década de los `80, en el siglo pasado, siendo bachiller y cursante del tercer año de la carrera de Derecho, justo, antes de ser obligatorio el estudio de su régimen jurídico, surgían sugestivas invitaciones para los foros, que animosos, organizaban los profesores de la Facultad, ellos, muy interesados en captar el interés de los futuros alumnos y mediante la promoción de estas actividades, para fomentar la atención sobre ella, en la búsqueda de mantener en plena vigencia a la materia, conservando su pertinente status dentro del pensum de la carrera.

La Universidad, mantiene su constante adaptación a los cambios sociales, académicos, científicos, culturales y de paradigmas que requieren ser analizados para la reforma oportuna del pensum de estudio en cada tiempo; ello, motiva a seguir activo luchando por la búsqueda de la verdad en cada encuentro académico con los estudiantes dentro del campus universitario; parece un juego de palabras para atraer personas a un evento, pero la cotidianidad universitaria te lleva de la mano para continuar investigando, proponiendo, produciendo contenidos y procesos científicos que son de necesario consumo para el entorno al cual sirves; no hay palabras o frases que puedan describir la emoción de una clase correctamente hilvanada.

En ese sentido, investigar respecto de la exploración minera en cuanto a su régimen jurídico y doctrinario que le enmarca, es una actividad retadora, fascinante, porque desempeña un papel donde el desarrollo del ser humano a lo largo de la historia, ha demostrado que conlleva riesgos, aventuras y en ocasiones recompensas en muy variados sentidos; descubrir que desde los antepasados por azar, o con sentido de comprensión, descubrieron el valor de los minerales y su aprovechamiento, bien para facilitar sus quehaceres domésticos, o cuando se dieron cuenta de la generación de nuevas fuentes de riqueza que tenían sembradas en la tierra, lo cual conllevó a formar expediciones, impregnadas por el desafío y sus riesgos. Identificamos que fueron insuficientes los postulados establecidos en la Ley de Partidas, dictada por Don Alfonso El Sabio, que regulaba la actividad minera para la corona española antes del descubrimiento, que requirió de sus reformas y adecuación a los nuevos hallazgos, en América, aspectos que comentaremos posteriormente en el texto investigativo.

El tema te transporta a un territorio enigmático, con túneles oscuros y laberintos subterráneos, donde la valentía y la perseverancia son los aliados del minero; así encontramos en la historia, la eterna disputa entre el propietario de la superficie, el trabajador minero y el propietario de la mina, donde las normas para su aprovechamiento han permeado para que pueda existir el aprovechamiento sincrónico de ambas propiedades, permitiendo el desarrollo de las actividades individuales en cada ámbito, sin necesidad de generar compensación entre ellas, a menos que por el ejercicio de estas, se afecten el suelo u otros bienes; esta mágica disposición en la legislación venezolana, constituye una válvula de alivio para que no se detenga ninguna de las actividades cotidianas.

Escribir sobre sobre estos contenidos desde su comprensión jurídica, conlleva al reto de repensar desde la comodidad del escritorio de trabajo, en medio de textos, y la tecnología a la mano, a interpretar los riesgos que puede resistir el ejercicio de su actividad en boca de mina, contando o no, con los equipos, herramientas y conocimientos técnicos para su eficaz ejercicio; constituye una actividad que tiende a encontrar minerales esenciales para su utilización en la industria y economía mundial; debiendo tomar en cuenta desafíos para el resguardo ambiental, altamente afectado por dicha actividad extractiva, que puede afectar a ecosistemas frágiles, aun si se toman las medidas para tratar de perturbar lo menos posible la corteza terrestre y sus zonas contiguas; sin dejar de pensar en el tema social que igualmente se ve afectado por tal actividad, son aspectos que deben ser tomados en cuenta de manera solidaria y socialmente responsables.

La minería te vincula a un tema sobre lo desconocido, por ello, los conquistadores españoles en tierras americanas, EXPLORANDO hacía el mito DORADO, en la búsqueda de tesoros ocultos y riquezas observadas primigeniamente por Colón y su tripulación en los cuerpos de los indígenas, influyeron sobre la ansiedad de la corona y la apasionante inquietud por explorar estas tierras benditas en esos minerales preciosos; lo que condujo al perfeccionamiento legal de sus normas hacia ese nuevo mundo recién descubierto.

En ese sentido, nos enfocaremos en ubicar los contenidos doctrinarios, jurídicos y legales que nos ayuden a identificar como ha sido el desarrollo de la actividad exploratoria de Venezuela en materia minera, desde la época de la conquista, en los cuales hubo tiempos de libertad para su ejercicio, hasta el tiempo de los albores del siglo XXI, donde la República propietaria de la riqueza mineral se ha reservado las actividades esenciales para el aprovechamiento de los minerales. Un reto por estos tiempos.

CAPÍTULO 1

ANTECEDENTES LEGALES

Influencia Española.

Resulta obvio que nuestras primeras legislaciones se condicionen a lo requerido por la corona española a partir de su dominio respecto de estas tierras y su población, por lo que el origen y desarrollo de la legislación minera proviene desde esa época, y otros textos que se enmarcaron en la legislación francesa, luego pasaron a España, y desde allí a Hispanoamérica, dando origen a principios y normas constitucionales y legales. En la evolución de la exploración minera que aportamos en este primer tramo del trabajo hasta la independencia, ubicamos que en esas tierras, un tiempo anterior a los viajes de Colón, la Ley de Partidas, dictada por Don Alfonso El Sabio, en la Ley, Título 15, Partida 2da, señala, que el Rey tiene derecho dominial sobre las minas, "…no pudiendo los particulares explorarlas sino mediante licencia real, la cual no constituía donación.", según reseña Planchart A. (1939), en su Estudio de la Legislación Venezolana de Hidrocarburos.

Con posterioridad, el Rey Don Juan I, en 1387, promulga la ordenanza de Bribiesca, mediante la cual se establece que no serán necesarias para cavar, buscar y catar las minas, las licencias reales, quedando pendiente el pago de una regalía al monarca, lo cual puede considerarse como una libertad de explorar; y con el avance del tiempo, y el arribo de Cristóbal Colón a nuestras tierras, se perfila el perfeccionamiento de la institución de la exploración minera en Venezuela, cuando los conquistadores españoles afanosamente buscaban "EL DORADO"; pero con un escollo duro de salvar, puesto que los indígenas venezolanos, demostraron ser unos grandes guerreros, al enfrentarse a éstos desde su llegada a estas tierras. Durante el proceso de la colonización, hubo consecuentes enfrentamientos que generaron bajas lamentables de uno y otro bando; esta es una de las razones expuestas por los historiadores del porqué, dentro de nuestro país, no se encuentran grandes cantidades de indígenas, en contraste con otros países de Hispanoamérica.

Llegando a 1483, es dictada la Bula Noverint Universi, con la cual se define la disputa existente entre España y Portugal sobre la propiedad de sus territorios y nos ubica en consecuencia bajo el dominio español; hay autores que logran identificar, qué como consecuencia del alcance de lo pautado en su texto, se da inicio al establecimiento del sistema regalista para regir la minería en esta parte del continente. Años más tarde, en 1526, Carlos I, dicta una Real Cédula del 09 de diciembre, mediante la cual, la corona española afianza su dominio y posesión sobres las minas de los nuevos territorios, surgiendo la figura del denuncio minero, como procedimiento previo para tener acceso al trabajo en la mina, estableciendo la competencia al gobernador, a efectos de otorgar la facultad a los particulares de extraer oro y metales que fuesen descubiertos.

Felipe II, dicta la Ordenanza de Minería en 1536, regulando la propiedad de las minas a la corona española en todas las colonias, a partir de ese momento y mientras estuvo vigente, solo se reconocieron derechos de explotación a los antiguos concesionarios; luego en 1650, se dicta la Recopilación de Indias, por la Casa de Contratación de Sevilla, aboliendo toda la legislación en materia minera anterior y estableciendo las nuevas formalidades para otorgar derechos mineros a través del sistema regalista, pero, regulando la materia fiscal en favor de los intereses de la corona.

Ordenanzas de Minería de Nueva España.

Ubicándonos en el día 22 de mayo de 1783, Las Ordenanzas de Minería de Nueva España, fueron dadas en Aranjuez, por el Rey Carlos III, para la Dirección, Régimen y Gobierno del Cuerpo de Minería de Nueva España y su Real Tribunal General, elaboradas para México, pero con posterior alcance y puestas en vigor para toda América, según, Sevilla C. (1984), se encargaron de establecer la propiedad que sobre las minas tendría la corona, extendiéndola, hasta las minas no metálicas, especialmente por lo referente al carbón, adicionalmente, respecto de la forma como podían participar los particulares para explotarlas directamente, si se referían a nuevos descubrimientos, registros de vetas y denuncios de minas abandonadas y perdidas, según lo dispuesto en los títulos V y VI, respectivamente. Se tienen como un Código Minero que se mantuvo vigente en Venezuela desde un tiempo antes de la entrada a la vida republicana del país, y hasta años más tarde a ésta, como lo abordaremos en el siguiente punto.

Decreto de Quito.

Durante la época de la colonia y la gesta de la independencia en Venezuela, la materia minera se rigió por el Derecho español aplicando la Ordenanza de Minería de Nueva España, que se mantuvo vigente aún hasta después de haberse logrado la independencia, puesto que el Decreto de Quito, promulgado por Simón Bolívar, el 24 de octubre de 1829, declaró expresamente que se mantenía vigente, con salvedad, de ciertas modificaciones que en el párrafo siguiente se pasará a explicar detalladamente, a lo que se destaca primariamente, que nuestra legislación minera mantuvo hasta reciente data, un apego al fundamento del sistema regalista que predomina en el sistema español, mediante el cual, atribuyéndose la propiedad de las minas al Estado o al Soberano, éste, debe entregarlas a quien las denuncie para su exploración y explotación, bien, por un lapso determinado o a perpetuidad si la ley lo permite, por lo que se tiene en todo caso al Estado o al Soberano, como un cuasi propietario del recurso mineral, reseñado por Planchart A. (1939) de la siguiente forma:

> "…los yacimientos mineros pertenecen al soberano, teniendo por objeto satisfacer las personales necesidades de los príncipes, quienes pueden concederlos a los súbditos mediante mercedes reales, en virtud de las cuales los

> interesados se obligan a prestar a los señores determinadas regalías."

En plena vigencia de la Gran Colombia, el Libertador, promulga su Decreto, dado el 24 de octubre 1829, en la ciudad de Quito, con especial trascendencia en el contenido del artículo primero en, el cual dispone:

> " Conforme a las leyes, las minas de cualquier clase corresponden a la República, cuyo Gobierno las concede en propiedad y posesión, a los ciudadanos que las pidan, bajo las condiciones expresadas en las Leyes y Ordenanzas de Minas, y con las demás que contiene este Decreto."

Con posterioridad, a la separación de Venezuela de la Gran Colombia, el Poder Legislativo Nacional, el 27 de abril de 1832, por resolución de sus cámaras, establece que debe seguirse como regla del gobierno en lo concerniente a las minas, las disposiciones establecidas en la Ordenanza de Nueva España del 22 de mayo de 1783, en los términos que fueron establecidos en el Decreto del Liberador dado en Quito, el 24 de octubre de 1829, manteniéndose en plena vigencia las disposiciones de la Ordenanza que se ha señalado.

CAPÍTULO 2

LA EXPLORACIÓN MINERA

Consideraciones Doctrinarias y Legales en Hispanoamérica.

Corresponde hurgar en la producción literaria hispanoamericana respecto de cómo son definidos los parámetros para enmarcar el concepto de la exploración en la materia minera; autores colombianos como Ortiz Á. (1992) nos expresa de una forma llana su visión al respecto, determinando: "Es el conjunto de actividades tendientes al descubrimiento de la mina"; por su parte, Ricaurte M. (2005), quien realiza comentarios doctrinarios respecto del Código de Minas Colombiano, de 2001, determina, que en su artículo 78, al tratar sobre los trabajos de exploración, se establece lo siguiente:

> "Los estudios, trabajos y obras a que está obligado el concesionario durante el período de exploración por métodos de subsuelo, son los necesarios para establecer y determinar la existencia y ubicación de mineral o minerales contratados, la geometría del depósito o

> depósitos dentro del área de la concesión, en cantidad y calidad económicamente explotables, la viabilidad técnica de extraerlos y el impacto que sobre el medio ambiente y el entorno social puedan causar estos trabajos y obras."

Dentro del mismo hemisferio, tenemos el planteamiento del tratadista argentino Catalano E. (1960), quien circunscribe la actividad a los trabajos que pueden considerarse como exploratorios, en términos que luego se despliegan en su legislación patria, dejando claro, que serán efectivas para el inicio de la actividad extractiva, en tanto y en cuanto reúnan cualidades que resulten convenientes para su aprovechamiento, a esos efectos señala:

> "La exploración o cateo, abarca todos aquellos trabajos manuales o mecánicos, superficiales o subterráneos, tendientes a descubrir minerales y a establecer sus principales características técnicas y económicas, de las cuales resultará la conveniencia de explotarlos o no."

Por su parte, Gutiérrez I. (2014), al indagar respecto de la concesión minera de exploración y explotación en la legislación peruana, comparte que el legislador condensó en una sola concesión ambas actividades para minimizar la gran cantidad de procedimientos administrativos requeridos, y con ello, poder fomentar la inversión privada en su país. Determina el referido doctrinario, que la definición respecto a la exploración en materia minera se ha mantenido en el tiempo, entendiéndose como tal, "la etapa de operación minera tendiente a demostrar las dimensiones, posición, características mineralógicas, reservas y valores de los yacimientos minerales". Ahonda en su comentario al establecer, que el derecho a explorar es un derecho real y exclusivo sobre una superficie determinada y permite labores de valorización mineral sin autorizar la explotación; diferenciándose de las actividades de cateo y prospección.

Adentrándonos en la doctrina española moderna, para Herrera J. (2017), en su obra Introducción a la Minería, comparte una definición hacia lo técnico-jurídico, define la exploración de la siguiente manera: "se explora un depósito mineral para definir su explotabilidad"; resalta que el conjunto de actividades que le rodean, están orientadas a establecer y determinar las características de ese depósito de minerales, a través de estudios geológicos, utilizando diversas técnicas y metodologías; dando como resultado final, la manera conceptual de cómo se podrá extraer el mineral investigado; resalta en su propuesta que a la exploración le precede las actividad de prospección para buscar anomalías en los depósitos de minerales.

Consideraciones Doctrinarias y Legales Patrias.

En nuestro país, donde ha sido rica la investigación académica al respecto, se decanta por conceptos de carácter práctico, de contenido general, por cuanto le dedican énfasis a la actividad extractiva. En ese sentido, compartiremos algunas de ellas, en las que ubicamos definiciones con diversidad de matices, que en el tiempo abordaron este punto, por ello es conveniente comenzar con la opinión del doctor J Ayala J. (1945), quien apunta en su obra, "… la exploración minera es el acto o serie de actos por los que se procura el hallazgo de minas."; o la expresada con posterioridad por el también catedrático Duque J. (1966) a mediados de esa década, del siglo XX, considerando que la exploración "Consiste en los trabajos preliminares y preparatorios de la explotación, integrados por reconocimientos del terreno, practicados por medio de métodos técnicos apropiados."

Identificando otras visiones respecto del tema, entre las que compartimos, el análisis, expresado por el doctor González L. (1981), quien expone en sus estudios respecto del Derecho Minero venezolano: "Entiéndase por exploración, el conjunto de operaciones técnicas encaminadas a la búsqueda de determinado mineral." Para el profesor Prieto E. (1999), la exploración "constituye la fase previa de las industrias mineras y petrolera. Ella conlleva la ejecución de dos operaciones fundamentales: la acción de "cavar" que significa y conlleva la remoción de la tierra en el suelo, y la acción de "catar", que significa y conlleva la investigación de la tierra para determinar el contenido geológico minero."

Desde la óptica del Ejecutivo Nacional, para mediados de 1980, en el entonces Ministerio de Energía y Minas, se establece en la publicación Rocas Industriales, que. "La exploración tiende a comprobar si el yacimiento prospectado puede ser explotado económicamente, estableciendo su naturaleza, su estructura geológica y su grado de consistencia económica."; constituyendo más una definición con ribetes técnicos administrativos, en concordancia con las disposiciones establecidas en la Ley de Minas de 1945, tendentes a que la República no responde por el saneamiento legal.

Todas estas definiciones de los autores patrios, que se han plasmado en el desarrollo de estas ideas, fueron expuestas dentro del marco de la vigencia de la Ley de Minas de 1945, mediante la cual se reconocía el derecho que tenían los ciudadanos nacionales o extranjeros, de ejercer labores de reconocimiento y prospección de los yacimientos, las cuales nos llevan a entender, que los trabajos de investigación sobre la existencia de un determinado mineral dentro de la corteza terrestre, son el mecanismo necesario para establecer, si ese mineral es económica o industrialmente explotable, pues, consiste en trabajos preliminares de carácter técnico, previos a una explotación que en tentativa, se pretende adelantar; siendo oportuno acotar, que en la quinta edición de su obra, el profesor Enrique Prieto Silva para el año 2013, mantiene su postura respecto del concepto que se estudia, lo cual, doctrinariamente hablando es totalmente válido y consecuente con su trabajo.

La Ley de Minas vigente en Venezuela desde 1999, no establece parámetros para determinar que se entiende por exploración minera, en su defecto, el artículo 48, confiere al concesionario, sus herederos y causahabientes, en la fase de exploración el derecho exclusivo para explorar el área concedida, y elegir entre las doce unidades parcelarias del lote destinadas a tal fin, hasta seis de ellas de forma contigua para su posterior explotación, si le es otorgado el certificado de explotación, una vez que han sido aprobados los planos y el estudio técnico financiero y ambiental, como requisitos obligatorios en etapa exploratoria, disponiendo en ese sentido, de tres años para desarrollar la primera fase de la concesión, con posibilidad de una sola prórroga, por un lapso no mayor de un año.

Encontramos la definición legal que rige en Venezuela para determinar la exploración, conforme al contenido del Decreto N° 2.165, con Rango, Valor y Fuerza de Ley Orgánica que Reserva al Estado las actividades de Exploración y Explotación del Oro y Demás Minerales Estratégicos, publicado en Gaceta Oficial de la República N° 6.210, Extraordinaria de fecha miércoles 30 de diciembre de 2015; es importante, puesto que en los textos legales que se mantuvieron vigentes anteriores a éste, no habíamos observado tal disposición de carácter legal que pudiese servir de parámetro para aquellos, quienes se aventuran a iniciarse en la materia minera; a través de estos procedimientos, por lo que a tales efectos compartimos su contenido en la referida normativa legal.

> "Artículo 5°: A los efectos de este Decreto con Rango, Valor y Fuerza de Ley se entiende por: ...Exploración: la etapa previa a la fase extractiva de la actividad minera, que consiste en la localización, caracterización y cuantificación del mineral para la determinación de la viabilidad del proyecto minero."

Descubierta una mina en Venezuela, por intermedio de acciones previas, bien, por el ejercicio de actividades de particulares, autorizados o no por el Estado, o como función inherente asociada a la propiedad legal que tiene la República respecto de ese bien inmueble; se hace necesaria su posterior investigación a través de los recursos tecnológicos correspondientes a determinar su verificación, y si esos minerales existentes en los yacimientos o depósitos, son industrial o económicamente explotables, ello se materializa mediante la exploración, enmarcada en el correspondiente derecho, que surge de la facultad legal vigente por intermedio del sistema dominial para su aprovechamiento.

CAPÍTULO 3

EXPLOTACIÓN MINERA EN EL MARCO LEGAL VENEZOLANO HASTA 1977

Exploración en la Legislación Minera del Siglo XIX.

Nos encontramos con la figura de la exploración minera en Venezuela, en las disposiciones del Código de Minas de fecha 20 de mayo de 1854, dictado bajo la presidencia de José Gregorio Monagas, cuando se establece el "permiso de averiguación", constituyéndose la primera norma de carácter legal, mediante la cual se hacía mención a esta posibilidad; en él, se permitían labores exploratorias en suelo de propiedad particular, así como, en los baldíos, previo concurso de sendos permisos para adelantar las labores pertinentes; entre sus normas, además podemos destacar, que de forma expresa se derogan las disposiciones contenidas en cualesquiera otras Leyes, Decretos u Ordenanzas sobre la materia, anteriores a dicho Código, según lo dispuesto en la Ley VIII, artículo 3°; por lo que con ello se extingue, la vigencia que hasta entonces mantuvo, las Ordenanzas de Minería de Nueva España, en nuestro país.

Ubicándonos en la década de los '80, mientras transcurría el siglo XIX, hacemos mención a la Ley de Minas, dictada el 13 de marzo de 1883, en la época del presidente Guzmán Blanco, permitiéndonos establecer un importante inciso, que consideramos obligatorio realizar, en cuanto a la disposición contenida en el artículo 1ro del texto que se comenta, al disponer respecto de las minas; "…son propiedad del Estado donde se encuentren y se regirán por un sistema de explotación uniforme…", el resaltar esta disposición, es para advertir al lector, sobre en un inconcebible olvido incurrido por algunos constituyentes y otros legisladores patrios del siglo XX, cuando al promulgar en distintos tiempos, algunas de nuestras Constituciones o particulares Leyes de Minas, incurrieron en la ligera amnesia, para establecer dentro de los respectivos articulados, que las minas que se encuentren dentro de nuestro territorio, son de la exclusiva propiedad de la República, tal como lo reseñaremos más adelante en el desarrollo de estas ideas.

Regresando al punto que nos ocupa, sobre la figura de la exploración, en el artículo 47 de la mencionada Ley de Minas de 1883, se le señalaba, a quienes pretendían realizar trabajos de exploración o investigación respecto de las minas, que debían obtener previamente un permiso por parte del Ejecutivo Federal, para poder emprender dichas labores, prohibiéndose también, en ese mismo artículo, lo siguiente:

> "…en ningún caso podrán darse autorizaciones para calicatas, fosas u otras semejantes en los edificios o caminos públicos, en el recinto de las plazas y poblaciones, ni en los edificios de propiedad particular, sus jardines y adherentes en un radio de cien metros. Tampoco podrán darse tales autorizaciones para explorar un

> terreno ya concedido con igual objeto, siempre que no haya caducado la primera concesión o permiso."

Estamos en presencia de las restricciones que se le imponían a los trabajos de investigación respecto del aprovechamiento de las minas en Venezuela, con miras a salvaguardar la seguridad dentro de los espacios que ocupaban las poblaciones y sus cercanías, así como, el derecho que se le reconocía y preservaba a quienes habían obtenido un permiso o una concesión sobre esos predios con anterioridad, y aún se mantenían en plena vigencia, disposición que se ha venido manteniendo vigente hasta la actual legislación que rige la materia en el siglo XXI. Después de la promulgación de cuatro textos legislativos, entre 1885 y 1891, en los que no hubo mayor variación respecto al tratamiento de la exploración, llegamos al Código de Minas del 29 de marzo de 1893, el cual contempla en su título III, "De los Requisitos Necesarios para Explorar y Adquirir una Concesión Minera", las formas mediante las cuales se podrán llevar a cabo dos clases de exploraciones, a saber, primeramente, tenemos la exploración libre dispuesta en el artículo 19.

> "... Pueden hacerse exploraciones para descubrir minas, franca y libremente, en los terrenos libres, abiertos e incultos, bien sean de particulares o baldíos. Parágrafo Único. No podrán hacerse exploraciones en los patios, jardines, huertas, solares, cercados de las casas o habitaciones, en las poblaciones o campos; sino por sus dueños u otras personas autorizadas especialmente por ellos."

Considerándose en esa norma del ordenamiento jurídico up-supra señalado, como se determina el alcance de la libre exploración, pudiéndose realizar en aquellos terrenos que se encontraban libres, abiertos e incultos, pudiendo estos, ser de propiedad particular o en situación de baldío; en tanto que, para realizar dichas labores de investigación minera, en terrenos particulares, cercados o demarcados se requería de un permiso del dueño otorgado con anterioridad al inicio de los trabajos.

Avanzando en la lectura de ese mismo Código de 1893, observamos, que la segunda de las formas de exploración que es regulada en su articulado, la encontramos cuando en el artículo 24, y se establece:

> "La persona que quiera efectuar, con exclusión de toda otra, en un terreno dado, trabajos de exploración, deberá solicitar un permiso conforme al artículo 20, y éste no podrá concederse sino para una extensión de terreno de trescientas hectáreas, poco más o menos y por un tiempo determinado que no excederá de seis meses, al término de los cuales se declarará caduco dicho permiso."

Se contempla con esa disposición, la posibilidad para que cualquier persona pueda emprender la exploración de forma exclusiva de un terreno con vocación minera, con limitaciones impuestas, respecto de la extensión del área a investigar y el tiempo de duración para el ejercicio de esos trabajos.

Transformación Minera del Siglo XX.

Al inicio del nuevo siglo, se requiere destacar la entrada en vigencia de la Ley de Minas del 14 de agosto de 1905, dictada en tiempos cuando gobernaba Cipriano Castro, estableciendo en su artículo 3ro, sobre la exploración de las minas, que, "en las tierras baldías y de ejidos y en las incultas de propiedad particular…", se podrán realizar labores de libre exploración, con lo cual se le dan mayores oportunidades a los trabajadores mineros para el ejercicio de sus labores, frente a quienes mantenían ociosos sus predios.

Nuevamente se regresa a destacar, que aun cuando no es el tema principal de esta investigación, es importante reseñar respecto a los acontecimientos que vivió Venezuela a partir de 1885 y hasta la llegada del General Juan Vicente Gómez al poder, período en el cual se dictaron más de 10 legislaciones mineras, entre Códigos y Leyes, que se sucedieron unas a otras, en las que se mantuvo la disposición de la propiedad minera en manos del Estado, pero debido a la turbulencia, social, política y económica que vivía el país, como resultado de las guerras, alzamientos y revueltas de ese tiempo, se plasmaron cambios sobre la explotación y aprovechamiento; y es a partir del Código de Minas de 1909, cuando aparecen las referencias respecto al petróleo en las legislaciones mineras venezolanas, diferenciándolo de las minas restantes, constituyendo ése, otro tema por plasmar en una investigación.

La producción legislativa en Venezuela, en materia minera no se detuvo en esas primeras décadas del siglo XX, con ella, la evolución de la exploración como un derecho que fue ejercido tanto por ciudadanos venezolanos, como extranjeros, se reguló y restringió su realización en las cercanías a las poblaciones, aeropuertos, cementerios y otros espacios, por razones de seguridad, orden público y salubridad; ampliándose su ejercicio hacia una exploración exclusiva, reservada para ciudadanos con ciertas habilidades; con esas determinaciones legales, llegamos al análisis de las disposiciones de la Ley de Minas de 1944, que entró en vigencia en 1945, y que sobre la exploración, se dedicó a una formal y expresa regulación.

Antes de iniciar las reflexiones sobre las disposiciones referentes a la exploración minera presentes en ese ordenamiento jurídico de 1945, es imperante compartir sobre algunos aspectos generales contenidos en dicha Ley, como su disposición, al ser desarrollada en tres libros, dentro de los cuales se estructura el contenido de su articulado; una particularidad, que en los libros primero y segundo, se adopta la aplicación del Sistema Regalista, por intermedio del cual, el Estado se encuentra obligado a otorgar derechos para la exploración y explotación a las personas naturales o jurídicas, destinatarias de las normas que encuadren dentro del tipo legal, (abordado, cuando tratábamos la exploración minera venezolana en tiempos de la colonia en el presente trabajo), como consecuencia de ello, encontramos instituciones propias a ese sistema para otorgar derechos a los particulares, entre las que podemos mencionar la figura del denuncio minero.

Respecto del término denuncio minero, como emblema característico del Sistema Regalista podemos establecer que no es único, porque la ley lo toma en dos acepciones diversas; en una sinónima de acusación existencial de la mina; siendo la solicitud hecha por escrito por parte del descubridor, donde se manifiesta ante la autoridad competente que se desea adquirir una mina respecto de una sustancia orgánica o inorgánica, la que se presenta en un yacimiento, el cual medirá un número de hectáreas determinadas, por su situación y linderos; y en la segunda acepción, es el conjunto de actos señalados por la ley desde el denuncio realizado, inclusive, hasta la obtención del título definitivo de la concesión."

Siguiendo en el comentario de la Ley de Minas de 1945, encontramos la figura del descubridor, y en el artículo 32, de dicha Ley, se precisa:

> "...El descubridor de cualquiera de los minerales a que se refiere el artículo 2°, que haya cumplido con las formalidades contenidas en el título II, tiene derecho durante diez años al uno por ciento del valor del mineral que se extraiga en virtud de concesiones en un radio de 500 metros."

Nos adentramos en la reseña de las normas establecidas en el Libro Primero, en su último Título, el XIV, en los artículos 116, 117 y 118, de la Ley de Minas de 1945, y éste abordó la figura de la exploración exclusiva, reservándose su ejercicio para aquellas personas que demostraran tener capacidad para adquirir concesiones, para lo cual se hacía necesario, revisar el contenido del artículo 27 de ese texto legal al disponer: "...Toda persona o compañía hábil en derecho, nacional o extranjera, puede adquirir concesiones mineras en la República,..." Se contempla con ello, una amplia posibilidad para acceder a la exploración exclusiva, al hacerlo depender solamente a tener habilidad en derecho, como ya antes se había comentado, pero en este caso, necesario su recordatorio. Es pues, la exploración exclusiva un verdadero derecho determinado, para explorar con la exclusión de cualquier otra persona.

Así, la exploración libre, que comienza el articulado del Libro Segundo, dedicado a los procedimientos, en el artículo 119, de la Ley de Minas que rigió en Venezuela desde 1945 hasta 1999, disponía lo siguiente.

> "Toda persona nacional o extranjera hábil en derecho, puede hacer exploraciones para descubrir minerales en terrenos baldíos o ejidos no arrendados u ocupados con plantaciones construcciones o fundaciones, sin otra formalidad que la de dar aviso simultáneamente, por escrito, al Ministerio de Fomento y a la Primera Autoridad Civil del Municipio, para que ésta pueda ejercer la policía de seguridad que le compete. Las excavaciones de pozos o calicatas no excederán de cuatro metros cuadrados, y podrán ser de profundidad indefinida. Las excavaciones superficiales, como trincheras o remoción de tierras, no podrán exceder de cien metros cuadrados cada una."

En consecuencia de lo establecido por esa ley, la exploración en Venezuela fue libre, salvo algunas limitaciones legales respecto de la misma, y la ley no hace distinción de personas, hace depender sólo, a que se sea hábil en derecho, estableciendo expresamente en el artículo 120, ejusdem, los espacios en los cuales se podían emprender los trabajos de investigación minera, por parte de quienes fuesen los propietarios del suelo, quienes sean sus ocupantes reconocidos, los que tengan permisos otorgados por escrito por éstos, o aquellos, que pudieron haber optado por el procedimiento de la Ocupación Temporal, prevista en la legislación expropiatoria que se encontraba vigente para esa época, por lo que resulta imperante reseñar a efectos complementarios del tema, que en su artículo 47, se determinó:

> "…. Toda obra declarada de utilidad pública lleva consigo el derecho a la ocupación temporal de las propiedades ajenas por parte del que las ejecute, solo en los casos siguientes:
> 1° Con el objeto de hacer estudios o practicar operaciones facultativas de corta duración que tengan por objeto recoger datos para la formación del proyecto o para el replanteo de la obra.
> 2°. Para el establecimiento de estaciones y caminos provisionales, talleres almacenes o depósitos de materiales, también provisionales y cualquier otra más que requiera la obra para su construcción o reparación. La ocupación durará solo el tiempo absolutamente indispensable, no debiendo en ningún caso concederse por un término mayor de seis meses. Puede, sin embargo, prorrogarse por igual término, y por una sola vez, por causa debidamente justificada."

Por lo que fue reservado su ejercicio en "…los terrenos de propiedad particular y en los baldíos o ejidos arrendados u ocupados con plantaciones, construcciones o fundaciones…".

Teniendo presente la disposición expresada en el artículo 121, ejusdem, que constituían una garantía para quien tuviese derechos sobre el suelo, puesto que sería resarcido por aquellos daños que se pudieran ocasionar por realizarse los trabajos de exploración, al disponer: "…El explorador queda obligado a cegar convenientemente, antes de abandonarlas, las excavaciones que hiciere, y, en todo caso, al pago de los daños y perjuicios que cause, a justa regulación de expertos."

De manera tal, y continuando con el articulado de la Ley de Minas de 1945 y las disposiciones del Libro Tercero, se estableció el Sistema Dominial, el cual encontramos conceptualizado por González L. (1981), como:

> "...el sistema en virtud del cual el Estado se comporta frente a la riqueza minera como frente a un bien particular, como verdadero propietario: por lo tanto, puede explotar por sí mismo esta riqueza o por medio de terceros, puede reservar la explotación y otorgarla facultativamente, sin que en ningún momento se desprenda de la propiedad de las minas, concediendo solo la explotación de las mimas..."

Durante la larga vigencia de la Ley de Minas de 1945, pudimos estudiar y en otros casos llegar a observar, como la decidía o la inmadurez política de los legisladores y gobernantes, de diferentes y consecutivos períodos, permitieron que dicho texto legislativo se alejara de la realidad que debía regular, por cuanto, instituciones jurídicas, procedimientos técnicos y la retribución económica que percibía el Estado por el aprovechamiento que ejercían los particulares, ya para los años de la década del sesenta, en el pasado siglo, no cubría las expectativas del Estado, ni del sector minero; hechos que llevaron al presidente Carlos Andrés Pérez, en su primer mandato, para que el día 15 de febrero de 1977, dictara el Decreto N° 2.039, haciendo uso de la facultad que le confería el artículo 11, de la Ley que se comenta, y permitírsele con ello al Ejecutivo Nacional, reservar la exploración y la explotación de los minerales existentes en el país que eran regulados por la Ley de Minas en comento.

La consecuencia fue, que los derechos mineros pasarían, a partir de ese Decreto, a ser otorgados de forma facultativa por parte del Poder Ejecutivo, conforme a las disposiciones contenidas en el Libro Tercero de ese mismo texto legal, lo que traduce decir, que entraban en desuso las figuras de la libre exploración, el denuncio minero, la exploración exclusiva, aplicándose a partir de ese momento, el Sistema Dominial, anteriormente citado, en este trabajo, con lo cual, el Estado se comienza a comportar como un verdadero propietario de la riqueza mineral, al administrar y escoger, cuando directamente no ejerza la actividad, a aquel particular, que reúna una serie de requisitos y condiciones de carácter técnico, a su vez, demostrar capacidad económica y comprometerse al cumplimiento de una retribución impositiva a través de las ventajas especiales que pacte con el Ejecutivo Nacional, así como, en la capacitación del personal en las áreas laborales y científicas, acoplándose el nuevo esquema, para ejercer la actividad de una manera acorde, con los derechos e intereses que se les están otorgando, los cuales se detallaran posteriormente al desarrollar el punto de la situación actual de la minería venezolana.

Por lo antes expuesto, es que al entrar en vigencia el Decreto N° 2.039, la exploración fue realizada a parte del Ejecutivo Nacional, por aquellos titulares de concesiones previstas en el artículo 174, cuando disponía: "…para la exploración de lotes determinados por alinderamientos precisos, cuya superficie no excederá de cinco mil hectáreas, con derecho el concesionario a la explotación de las parcelas que posteriormente escoja y demarque para tal efecto dentro del lote…"

En ese momento, se aprovechan los caminos establecidos en la ley, para hacer la reserva de la actividad minera en Venezuela, aún por vía de un acto administrativo, era más que necesario que el Ejecutivo Nacional, fuese quien orientara la política extractiva, siendo además una obligación constitucional plasmada en la Constitución de 1961, cuando en su artículo 106, imponía lograr una mejor distribución de la riqueza para beneficio del colectivo, razón suficiente, para emprender una política minera, capaz de crear fuentes de trabajo, controlar su actividad en beneficio de la nación y obtener importantes recursos económicos cuando se otorgasen derechos a los particulares.

Es a partir de la entrada en escena legal del Decreto N° 2.039, el particular que tuviese la vocación de explorador, debía recurrir a la solicitud de una concesión para la exploración de lotes determinados por alinderamientos fijos no mayores a 5.000 hectáreas, mediante la cual, se le concedía el derecho de poder escoger para la explotación un lote no mayor a la mitad de las hectáreas exploradas, demarcando las parcelas, con una superficie de hasta 500 hectáreas cada una de ellas, en virtud de las disposiciones contenidas en los artículos 174, literal primero y 180, respectivamente de la Ley de Minas de 1945, que entraban a regular específicamente la materia de otorgamiento de los derechos mineros, por disposición de la propia Ley, en su artículo 11; aspectos que sirvieron de soporte posterior, para que en Decreto N° 295, con Rango y Fuerza de Ley Minas de 1999, se redactara el contenido de su artículo 25, para plasmar el concepto de concesión única de exploración y subsiguiente explotación.

Continuando con el alcance del contenido del Decreto N° 2.039, se reservó en todo el territorio de la República, el ejercicio de las exploraciones que cotidianamente venían realizando los particulares, con ello, durante el resto de la vigencia de la Ley de Minas de 1945, no se realizaron más labores mediante la figura del descubridor, que estuvo prevista en el artículo 32 de la Ley de marras, la cual reconoció como un derecho la libertad individual para ejercer la exploración, con un beneficio especifico del 1%, sobre el valor del mineral que se explotara en concesión, por un lapso de diez años, en un radio de quinientos metros como recompensa para el descubridor, con posterioridad al hallazgo que se hiciere constar.

Si bien es cierto, que el norte de una explotación minera planificada, es conseguir para la industria y para el comercio, la mayor cantidad de minerales que le son requeridos, y ser capaz de fomentar y activar suficientes puestos de trabajo, mejoras de las poblaciones y el aporte impositivo para la nación, con motivo al rendimiento de la actividad, los trabajos de exploración, los realizó el Estado, a través de sus diferentes entes, puesto, que a partir de ese momento, hubo pereza por el sector privado, en aventurarse a invertir en el sector ante los nuevos esquemas.

A finales de 1980 siguiendo en el siglo XX, aparece en la acción académica, una importante tesis doctoral, con la cual obtuvo mención honorífica Elsa Amorer Reyes, quien, al tratar el Régimen de la Explotación Minera en la Legislación Venezolana, aborda el tema de la exploración y su regulación en Venezuela, y al presentar el momento en que comienza la vigencia del Decreto N° 2.039, llega a las conclusiones que a continuación son citadas, Amorer, E. (1991):

"... Inicialmente, la exploración era un derecho de libre ejercicio por los particulares, el cual se va condicionando en su evolución por la acción del Poder Legislativo en los diferentes Códigos y Leyes de Minas, así como, por la acción del Poder Ejecutivo, a través de reglamentos y decretos, hasta convertirse en un derecho de otorgamiento facultativo por parte del Ejecutivo Nacional."

CAPÍTULO 4

LEY HABILITANTE DE 1999

Marco Legal del Decreto N° 295, con Rango y Fuerza de Ley de Minas.

A pesar de haberse engavetado innumerables anteproyectos y proyectos de leyes con aprobación en su primera discusión legislativa, dentro de la sede del Congreso Nacional, por muchos años, y en sus diferentes períodos, con los que se pretendía adecuar a la realidad la materia minera en Venezuela, es solo, para finales del año 1999, en el transcurrir de las actividades asignadas a la Asamblea Nacional Constituyente, el entonces disminuido en su accionar político y legislativo, Congreso de la República de Venezuela, en ese mismo año, había autorizado al ciudadano Presidente de la República mediante una ley orgánica, para que dictase un conjunto de medidas extraordinarias en materia económica y financiera que fuesen requeridas por el interés público, y tal, como estaba previsto en el ordinal 8vo, del artículo 190 de la Constitución Nacional de 1961; el presidente Hugo Chávez, dictó el Decreto N° 295, con Rango y Fuerza de Ley de Minas, el cual es publicado en la Gaceta Oficial de la

República de Venezuela, Extraordinaria N° 5.382, del martes 28 de septiembre de 1999.

Importante fecha a partir de la cual, se incorpora dicho texto, a la legislación venezolana vigente; aproximándose con ello, a la adecuación de la legislación minera dentro contexto social y económico que demandaba el país desde mucho tiempo atrás; puesto, que la Ley de Minas que se encontraba vigente para entonces, como hemos venido comentando, no se revisaba o actualizaba desde 1945, salvo, a lo previsto en el Decreto N° 2.039, dictado por el presidente Carlos Andrés Pérez durante su primer mandato, el 15 de febrero de 1977, que en ese momento, por disposición legal, logra atenuar algunos vicios en la exploración y explotación minera de la fecha, pero que urgían de una reforma integral de la legislación.

Cuando entra en vigencia la citada Ley de Minas en 1999, se encuentra a grandes masas de nuestro país, en una luna de miel con las proposiciones y ejecuciones del recién electo presidente Chávez, con un pueblo esperanzado en la reforma constitucional, panacea de un prometedor porvenir; pero en cuanto al Decreto con Fuerza y Rango de Ley que se comenta, es justo reconocer que se recupera en nuestro ordenamiento jurídico, la disposición formal y expresa mediante la cual se dispone que las minas existentes en el territorio nacional son propiedad de la República, acotándose adicionalmente, que se consideran bienes del dominio público, siendo éstos, inalienables e imprescriptibles, disposición irrebatible para poder explorarlas y explotarlas conforme al ordenamiento jurídico y en atención a los postulados de los Principios de Utilidad Pública, Temporalidad, Jurisdiccionalidad, Reserva, Reversión, entre otros de particularidad importancia.

En concordancia con ello, y parafraseando a Bahri, R, (2000), se acoge para la explotación minera la aplicación del Sistema Dominial, que atribuyendo la propiedad de las minas a la República, permite que la explotación de los minerales, se pueda realizar bajo un régimen de concurrencia compartida con los particulares, previéndose en la legislación que se comenta, que se lleve a cabo por intermedio del otorgamiento en forma facultativa para el Estado, de una concesión de exploración y subsiguiente explotación. Se establecen las modalidades para el ejercicio de las actividades mineras, correspondiendo al Ejecutivo Nacional en su condición de administrador de los bienes del Estado en tener la primera opción para ejecutarlas.

Comprende el proceso de su otorgamiento y ejecución de la explotación, el cumplimiento por parte del concesionario, de un conjunto de disposiciones tendentes a asegurar para la República, que la explotación se realizará con una gerencia y asistencia técnica necesaria, para el mejor aprovechamiento de la riqueza mineral, ejecutada mediante la previsión y consecución de un plan financiero y la puesta en marcha de un programa para la recuperación del medio ambiente; actividades éstas, que la Ley de Minas de 1999 sugiere tener garantizadas, por la contratación a costa del concesionario de sendas fianzas, cuya aprobación por parte del ejecutivo, entiende dicha Ley, se aseguran los intereses patrimoniales de la República en torno a que se le garantiza al Estado su participación en el aprovechamiento económico de esa riqueza mineral, aun, en los casos en los cuales se refleje una falta de explotación por parte del concesionario.

Por lo que, en el sentido de la materia ambiental, se pretende con la consignación de la citada fianza, garantizar la posterior recuperación de los suelos, que han sido degradados, con motivo a la actividad extractiva, que aún en los casos de las técnicas más sofisticadas produce degradación, y en algunos casos, prevenir la insolvencia o indiferencia por parte del concesionario, en el cumplimiento de las obligaciones que asumió al serle otorgado el Certificado de Explotación.

Exploración en la Ley de Minas de 1999.

En la Sección Primera, del Capítulo IV, del Título III, de la vigente Ley de Minas de 1999, se desarrolla un articulado específico para regular lo referente a la actividad exploratoria; así como, en la Sección Primera, Capítulo III, del Título II, del Reglamento General de la Ley de Minas, de 2001. Siendo preciso iniciar en consecuencia con lo que introduce al respecto la Exposición de Motivos, que sirve de marco al Decreto N° 295, con Rango y Fuerza de Ley de Minas, se determina en él, la hegemonía por parte del Estado en el control sobre las competencias de todas las materias relativas a la minería en nuestro país, en los términos que en el mismo se indican, y que se reproducen para que pueda palparse su alcance.

> "…Se atribuye al Estado la obligación exploratoria y el inventario de los recursos mineros. El Ministerio de Energía y Minas tendrá competencia sobre todas las materias relativas a la minería, específicamente los planes de exploración, planificación, defensa y

conservación, así como el régimen de la inversión extranjera."

Capacidad para su Ejercicio.

Es menester comenzar señalando, que la Ley que se comenta, mantiene la premisa general en torno a la capacidad de los particulares, para poder obtener derechos mineros en Venezuela, por cuanto lo hace depender a que esa persona natural o jurídica, nacional o extranjera, sea hábil en derecho, teniendo fijado además su domicilio dentro del territorio nacional, tal como lo dispone el artículo 17 de la vigente Ley de Minas.

Régimen de Concesión Única.

Se presenta la legislación que mantiene vigencia en 2023, un solo tipo de concesión, según dispone el artículo 25 de la Ley, cuando nos indica, que "…Las concesiones que otorgue el Ejecutivo Nacional conforme a esta Ley serán únicamente de exploración y subsiguiente explotación…", se consolida la unión de la actividad exploratoria que realizará el particular dentro del marco de una concesión, para poder llegar a la segunda fase del proceso referente a la extracción del mineral, con ello, y vista las formalidades a cumplir dentro de la fase exploratoria, le dará tiempo y espacio a la Nación determinar si ese concesionario tiene la capacidad técnica y económica para el aprovechamiento efectivo del mineral, dentro de un marco administrativo menos engorroso, como se regulaba bajo el imperio de anteriores legislaciones.

Formalidades.

El concesionario minero, dentro del marco de la legislación de 1999, al obtener el Título de Exploración, mediante las formalidades administrativas que refuerzan el procedimiento minero, en resguardo de los intereses de la República, hará protocolizar la Resolución que la contenga, en la hoy denominada Oficina de Registro de la Propiedad Inmobiliaria, anteriormente, Oficina Subalterna de Registro, en la circunscripción donde se encuentre ubicada la concesión, dentro del lapso de los 20 días continuos siguientes a la publicación del Título en la Gaceta Oficial de la República, según la regulación establecida en el artículo 45, del Decreto con Rango y Fuerza de Ley, que se comenta .

> "...Artículo 45: ... expedirá el Título de Exploración mediante resolución que se publicará en la Gaceta Oficial de la República de Venezuela. El concesionario deberá protocolizar La resolución en la Oficina Subalterna de Registro de la Circunscripción de ubicación de la concesión, dentro de los veinte (20) días continuos siguientes a su publicación."

Debiéndose resaltar, para su identificación directa, que constituye un avance que encontramos en la legislación que se estudia, la determinación para el cálculo de los lapsos, que fuesen por días continuos, en contrario a lo engorroso e interminable trámite administrativo derogado ante los ministerios, explicándose en la Exposición de Motivos:

> "A los fines de lograr una mayor celeridad en el otorgamiento de derechos mineros y conforme a lo previsto en la Ley Orgánica de Procedimientos Administrativos, se establecieron los lapsos por días continuos, permitiendo al acortamiento de los lapsos a cumplir para el otorgamiento de las concesiones…"

Duración.

El período exploratorio de la concesión, se extiende por un lapso de tres (03) años, contados a partir de la publicación en la Gaceta Oficial de la República la Resolución que contenga el Título de Exploración, tomando en consideración tres aspectos reseñados en el artículo 20 del Reglamento General de la Ley de Minas que dispone, "…la naturaleza del mineral de que se trate y el cronograma de actividades y de inversión presentado por el solicitante…", el lapso de exploración otorgado para la primera fase de la concesión, podrá ser prorrogado, previa solicitud formulada por el concesionario, conforme a lo dispuesto en el Artículo 23, en los términos siguientes "... El concesionario podrá solicitar la prórroga del período exploratorio, siempre que se haga dentro de los ciento ochenta (180) días continuos anteriores al vencimiento de dicho período." y de ser concedida, ésta se prorrogará por una sola vez y por único lapso no mayor de un año de acuerdo a lo previsto en el parágrafo

Único, del Artículo 49, del comentado Decreto con Rango y Fuerza de Ley.

Derechos que Confiere.

La concesión, como ya quedó expresado se divide en el ejercicio de dos actividades que serán emprendidas por el mismo concesionario, las cuales son independientes y de cumplimiento consecutivo y progresivo; la primera de ellas es la de exploración, por un lapso de hasta tres años, y una vez cumplidas con las formalidades y obligaciones exigidas, se comenzará con la explotación, que se extenderá por 20 años; la concesión tendrá una extensión horizontal que adopta forma rectangular, siempre y cuando la topografía del terreno lo permita, su unidad de medida se expresará en hectáreas, para formar las unidades parcelarias que contarán con una superficie que variará entre 493 y 513 hectáreas, cada una de ellas, agrupándose en un numero de 12 unidades parcelarias, para conformar un lote, y de acuerdo a la previsión legal, cada concesionario no podrá ser titular sobre más de dos lotes o su equivalente, 24 unidades parcelarias, a menos que, por ser de la conveniencia o interés de la República, pueda el Ejecutivo Nacional autorizar el otorgamiento de una concesión con una extensión superior a la determinada anteriormente; previsiones del artículo 28.

Corresponde en este momento la oportunidad para señalar, que el Código Civil Venezolano, considera que las minas son bienes inmuebles por su naturaleza, constituyendo sobre ellas, un conjunto de atributos que más adelante se realzan por tal determinación; por otra parte, la nación al otorgar el título minero, no garantiza la existencia del mineral, ni el nivel de su aprovechamiento, por lo que no responde por saneamiento legal.

Una vez advertido lo anterior, es que nos disponemos a considerar la disposición contenida en el artículo 29 de la Ley de Minas de 1999, cuando expresa: "… El derecho de exploración y explotación que se deriva de la concesión es un derecho real inmueble, …", constituyendo una afirmación de gran importancia, si tomamos en cuenta, que los particulares que intervienen en esta actividad, arriesgan cuantiosas sumas de dinero, invalorables horas hombre y derroche de ingenio y talento, para emprender la quimera de la exploración y explotación minera, por lo que la legislación debe blindar los derechos que se le concederán a éstos, a los efectos de conseguir el concurso de los más capacitados, para agotar la mina; la posibilidad que se ofrece al concesionario, de poder disponer conforme a derecho de la concesión, es una invitación a invertir sin temor.

Pero ese derecho, tampoco puede ser considerado como un cheque en blanco, puesto que está de por medio la mina, que constituye un bien de la exclusiva propiedad de la República, "… Artículo 2º: Las minas o yacimientos minerales de cualquier clase existentes en el territorio nacional pertenecen a la República, son bienes del dominio público y por tanto inalienables e imprescriptibles…" y como tal, hay que establecer un conjunto de formalidades para la disposición por parte del concesionario de su derecho; de nada serviría establecer en la legislación, que se adopta el sistema dominial para otorgar derechos mineros en Venezuela, en donde se le imponen un conjunto de requisitos que deben cumplir los aspirantes a concesionarios, y luego al ser titular del derecho, pueda disponer de este sin mayor formalidad.

Tomando en cuenta la relación que se ha hecho de los elementos doctrinarios y legales que se involucran para la determinación correspondiente en la legislación minera a efectos de determinar el derecho que se deriva para el concesionario durante el período de la exploración, corresponde citar para comprender su alcance lo dispuesto en el artículo 48 de la vigente Ley de Minas de 1999, cuando establece:

> "...Artículo 48: La concesión de exploración y subsiguiente explotación, confiere al concesionario, sus herederos o causahabientes, durante el período exploratorio, el derecho exclusivo a explorar el área concedida, y de elegir para su explotación, la superficie que determine el estudio de factibilidad, técnico, financiero y ambiental,"

Obligaciones del Concesionario en Fase de Exploración.

Las tareas principales que tiene asignada el concesionario en fase de exploración, son la de hacer levantar el plano general del área que ocuparán las unidades parcelarias que escogerá para la explotación, a una escala de 1:25.000, así como también, a una escala menor, de 1:10.000, el plano individual de cada una de las unidades parcelarias que serán escogidas para su futura explotación. Los planos antes mencionados, deben realizarse tomando en cuenta un conjunto de requisitos que le son señalados en la Ley de Minas, en sus artículos 50 y 51, por cuanto, estos, acompañarán con destino al Cuaderno de Comprobantes que lleva la Oficina de Registro de la Propiedad Inmobiliaria, a la Resolución que contenga el Certificado de Explotación que deberá ser protocolizado posteriormente por el concesionario.

Con un grado adicional de importancia, la mayor responsabilidad que tiene signada el concesionario en fase de exploración, se centrará, en la elaboración de un estudio de factibilidad técnico, financiero y ambiental, respecto del programa que pretende ejecutar para el aprovechamiento del mineral que se encuentra dentro del perímetro de la concesión; el cual deberá ser conformado por el hoy denominado Ministerio del Poder Popular de Desarrollo Minero Ecológico, quien tendrá un lapso de 90 días continuos para presentar un nuevo estudio, en caso de haber sido objetado el primero por parte de los funcionarios del Ministerio respectivo.

Con esta disposición, se confirma la aplicación del sistema dominial, para el otorgamiento de los derechos mineros en Venezuela, por cuanto, el propietario del recurso mineral, primero evalúa las posibilidades del yacimiento, luego considera la forma en que pretende aprovechar el recurso el titular del derecho, con un énfasis respecto de la recuperación de los suelos, una vez emprendida la explotación, aspectos que denotan, una responsabilidad y garantía para el aprovechamiento óptimo de las minas.

Certificado de Explotación.

Una vez que han sido admitidos por parte del Ministerio, los planos que contienen y detallan cuales son las unidades parcelarias que serán explotadas, y el estudio de factibilidad técnico, financiero y ambiental, a ser ejecutado, que fueron elaborados por el concesionario dentro del lapso de exploración, el Ministerio, dispondrá por medio de Resolución el otorgamiento del Certificado de Explotación, el cual, una vez publicado en Gaceta Oficial de la República, confiere al concesionario, el derecho de explotación del área y mineral concedido por un lapso de 20 años.

Importancia de los Planos y el Estudio de Factibilidad, Técnico Financiero y Ambiental.

Con miras a que la explotación minera se lleve a cabo con arreglo y concordancia con los aspectos ambientales, de ordenación del territorio, de estabilidad económica y de responsabilidad social, conjugados con principios de racionalidad y óptima recuperación del recurso, se dispone la implementación del principio del desarrollo sostenible. Dentro de ese marco de actuación, la Ley incorpora como requisito previo al otorgamiento del Certificado de Explotación, que sean elaborados, bajo su consentimiento, tanto los planos que demarcaran el área aprovechable y el estudio de factibilidad técnico, financiero y ambiental, que explica las bondades y posibilidades de éxito de la futura explotación.

La importancia de todo este trabajo demostrativo, radica en la obligación que tiene el concesionario de presentarle al Ministerio, antes de poder materializar la explotación, sendas fianzas, una, que garantice el cumplimiento de la reparación de los daños ambientales que puedan causarse con motivo a la explotación, y la otra, una fianza de fiel cumplimiento del programa de desarrollo y explotación, que le garantiza al Estado contar con los recursos económicos programados en la Ley de Presupuesto, en caso de paralización de las actividades de explotación sin causa justificada, por más de seis meses.

Venta de Minerales Obtenidos en Fase de Exploración.

El Decreto Ley de 1999, brinda la oportunidad, para que los concesionarios que hubiesen obtenido minerales como producto de los trabajos de investigación realizados en la fase de exploración, que no hubiesen sido utilizados para satisfacer sus necesidades, pudieran ser objeto de venta en el mercado, siempre y cuando, medie una autorización de la máxima autoridad del Ministerio, en la zona donde se encuentre ubicada la mina y se realice el pago de del impuesto que le correspondería pagar si la concesión se encontrase en explotación.

Cualquier otra forma de explotación durante el lapso exploratorio, está prohibida para el concesionario, so pena de realizar una explotación ilegal de minerales, a tenor de las consideraciones previstas en el artículo 109 de la Ley de Minas, que establece:

> " ... La explotación ilegal de minerales, se sancionará con multa de hasta DOSCIENTAS (200) UNIDADES TRIBUTARIAS, según la gravedad del caso, pero si el perjuicio para el Fisco excediere de CUATROCIENTAS (400) UNIDADES TRIBUTARIAS, se sancionará con multa igual al quíntuplo del perjuicio efectivo o probable..."

CAPÍTULO 5

DECRETOS CON RANGO, VALOR Y FUERZA DE LEYES ORGÁNICAS QUE HAN RESERVADO LA ACTIVIDAD DEL ORO

Decreto-Ley, N° 8.413.

El día 23 de agosto de 2011, mediante el Decreto N° 8.413, el Presidente de la República Bolivariana de Venezuela, habilitado por el Poder Legislativo Nacional, dicta el Decreto con Rango, Valor y Fuerza de Ley Orgánica que Reserva al Estado las Actividades de Exploración y Explotación del Oro, así como las conexas y auxiliares a estas, el cual fue publicado en la Gaceta Oficial de la República Bolivariana de Venezuela el día viernes 16 de septiembre de 2011, Ordinaria Número, 39.759. Dicta la Ley, que con el objeto de regular lo relativo al régimen de las actividades mineras y yacimientos de oro, reservando para el Estado, por razones de conveniencia nacional y carácter estratégico las actividades primarias, concernientes a la exploración y explotación de los yacimientos de oro, como las conexas y auxiliares, entendidas por dicha ley como almacenamiento, tenencia, beneficio, transporte, circulación y comercialización interna y externa del oro.

En ese sentido, en su artículo 5°, se establece que las actividades primarias de exploración que se reservaron, quedaron restringidas al ejercicio por parte de la República, o de sus entes públicos, empresas de su exclusiva propiedad, o filiales de éstas; así como también, por el intermedio de empresas mixtas, donde la República, o las empresas antes señaladas, tengan el control de sus decisiones, estipulándose que debe mantener una participación del cincuenta y cinco por ciento (55%) del control accionario del capital social; se complementa lo anterior, con lo dispuesto en artículo 6°, en cuanto a la aprobación previa con el voto de la mayoría simple de los Diputados de la Asamblea Nacional para la constitución de las empresas mixtas debiendo informar el Ejecutivo Nacional sobre las circunstancias pertinentes a dicha constitución y condiciones, así como de las ventajas especiales previstas en favor de la República.

Es preciso el artículo 8°, en lo inherente a la delimitación del área que será asignada a cada empresa, a efectos de realizar dichas actividades primarias, por parte del ministerio con competencia en esa materia, así como, respecto de la cantidad de años en los cuales podrá ejecutar dicha actividad; concretamente señala, que a las empresas mixtas constituidas, en ningún caso podrán ejecutar las actividades de explotación por más de veinte (20) años, con posibilidad de dos prórrogas de diez (10) años cada una de ellas. Se complementa dicha norma establecida en su artículo 10° con la disposición mediante la cual, la República no responderá por saneamiento legal o contractual, al ser realizadas las actividades primarias con la condición, que las asume a todo riesgo quien las ejecute, sin que, por el otorgamiento del derecho, la República garantice la existencia del mineral oro, y que este sea industrial y económicamente explotable.

Requiere ser comentado que en el Título III de la Ley que se analiza, se establecen las condiciones para hacer migrar los contratos de exploración del mineral oro, así como el del resto de los derechos que habían sido concedidos por el Estado anteriormente, a la constitución de empresas mixtas bajo las condiciones antes señaladas, designándose una comisión negociadora para que dentro de un plazo de noventa (90) días continuos contados a partir de la publicación en Gaceta Oficial de la República del referido Decreto-Ley, pudieran migrar a la constitución de las empresas mixtas establecidas; previéndose, que de no llegar a los acuerdos amigables en el lapso antes señalado, el Ejecutivo Nacional podía tomar posesión de los bienes y control de las operaciones relativas a las actividades reservadas de conformidad con el cronograma que se estableció al efecto; y en el caso de no prosperar la entrega pacífica y ordenada de las operaciones, instalaciones y demás bienes, pudieran estar incurso en el establecimiento de sanciones administrativas y penales a que hubiere habido lugar.

En el caso de los bienes vinculados con los contratos de exploración de oro, cuya propiedad fue transferida a la República, como consecuencia de la extinción prevista en el referido Decreto-Ley, serian indemnizadas según su valor correspondiente en libro, siempre que dichas inversiones hubiesen sido oportunamente notificadas al órgano o ente correspondiente en el marco de la contratación respectiva.

Ubicamos que en su Título V, plantea la posibilidad para quienes realicen actividades primarias establecidas bajo el amparo de la presente Ley, que tienen derecho a la constitución de servidumbres, ocupación temporal o la expropiación llegado el caso para la realización de los fines previstos, enmarcados dentro del Principio de Utilidad Pública e Interés Social establecido en su artículo 4°; asignándose en conjunto, al ministerio con competencia en la materia, la facultad como órgano nacional competente en todo lo relacionado con el oro, y demás actividades auxiliares y conexas con ella para ejercer las labores de fiscalización técnica, tendentes a la realización de la planificación, promoción y formulación de políticas públicas del sector, administrar el oro y en consecuencia ejercer la facultad para ingresar a las áreas e inspeccionar las actividades y trabajos inherentes a los mismos.

El mineral oro y las áreas mineras que lo componen son declarados como mineral estratégico, y en consecuencia en el artículo 27 del Decreto-Ley que lo Reserva a la República, objeto de este análisis, establece que se determina una Zona de Seguridad respecto de ellas, y que corresponderá a la Fuerza Armada Nacional, mantener la seguridad y orden interno en las áreas sujetas al desarrollo de la actividad de exploración y explotación del oro, desarrollando planes y programas de formación y fomento de la seguridad para resguardar las actividades primarias que son objeto del amparo de la Ley. Las empresas autorizadas para la realización de las actividades anteriormente enunciadas, deberán poner en práctica la óptima recuperación o extracción racional del recurso aurífero, respetando la conservación ambiental y la ordenación del territorio.

Decreto-Ley, N° 8.683.

Separados por casi cuatro meses de vigencia, el día 08 de diciembre de 2011, mediante el Decreto N° 8.683, igualmente el Presidente de la República Bolivariana de Venezuela, habilitado por el Poder Legislativo Nacional, dicta la Reforma Parcial del Decreto con Rango, Valor y Fuerza de Ley Orgánica que Reserva al Estado las Actividades de Exploración y Explotación del Oro, así como las conexas y auxiliares a estas, el cual fue publicado en la Gaceta Oficial de la República Bolivariana de Venezuela, el día jueves 15 de diciembre de 2011, Extraordinaria, Número, 6.063. Dicta la Ley, con el objeto de modificar el contenido de los artículos 13, 14, 15, 19, 26 y 27 del derogado decreto, considerándose comentar el contenido de los dos primeros artículos de la reforma los cuales tienen relevancia para la presente investigación, al establecerse en ellos, una extensión de los lapsos inicialmente concedidos en el Decreto-Ley, objeto de la reforma.

En el primer artículo del Decreto que se reforma, se modificó el artículo 13, referido a las negociaciones; y consistió la modificación, en incorporar un párrafo adicional donde se relaciona, que en el caso de las personas autorizadas para el ejercicio de las actividades de pequeña minería, gozarían de un plazo de 180 días continuos a partir de la publicación de esa reforma en la Gaceta Oficial de la República, para acordar lo conducente con la Comisión Negociadora encargada de hacer migrar a los titulares de derechos mineros a empresas mixtas, pudiéndose otorgar mediante resolución ministerial, una prórroga que no podrá ser mayor al lapso inicialmente concedido. Lo anterior, según los comentarios de analistas, como estrategia para alcanzar los objetivos sin tener que llegar a la vía judicial.

En el primer párrafo del contenido del artículo 13, modificado la redacción da cuenta de lo siguiente:

> "Artículo 13: El ministerio del Poder Popular con competencia en la materia minera, designará una comisión que negociará dentro de los noventa (90) días continuos siguientes a la fecha de la publicación en Gaceta Oficial del presente Decreto Ley, con los titulares de concesiones mineras, y los beneficiarios de contratos para la exploración y explotación de oro, la constitución de las Empresas Mixtas."

Por cuanto con esa modificación del ahora primer párrafo del artículo 13, se suprime lo referente a las autorizaciones de pequeña minería por haberlo trasladarlo con su nuevo lapso al segundo párrafo, como se comentó anteriormente. Los titulares de derechos mineros bajo contratos de exploración y explotación, contaron con un nuevo plazo de noventa (90) días continuos para llegar a los arreglos amigables con el Ejecutivo; debiéndose comentar, que al igual que los trabajadores de pequeña minería realizaron sus respectivas, pero infructuosas protestas, fue solo tiempo para adaptarse al nuevo régimen legal.

Corresponde analizar el artículo segundo de la reforma, donde se modifica el contenido del artículo 14, referido a la extinción de concesiones, autorizaciones para el ejercicio de pequeña minería, y contratos de exploración y explotación del oro, se estableció, en igual medida, que para aquellos titulares de derechos mineros correspondientes a concesiones de exploración y explotación, que no se hubiesen extinguido por acuerdos entre las partes, a efectos de la migración a empresas mixtas, tendrán un lapso de 90 días continuos de vigencia para hacerlo, a partir de la publicación del Decreto de Reforma en la Gaceta Oficial de la República, de lo contrario se extinguirán de pleno derecho; sin derecho a obtener una prórroga, como sí sucedió con los titulares de las autorizaciones para el ejercicio de la pequeña minería.

Decreto-Ley, N° 1.395.

El día 13 de noviembre de 2014, mediante el Decreto N° 1.395, el Presidente de la República Bolivariana de Venezuela, Nicolás Maduro, habilitado por el Poder Legislativo Nacional, dicta el Decreto con Rango, Valor y Fuerza de Ley Orgánica al Estado las Actividades de Exploración y Explotación del Oro, así como las conexas y auxiliares a estas, el cual fue publicado en la Gaceta Oficial de la República Bolivariana de Venezuela el día martes 18 de noviembre de 2014, Extraordinaria Número, 6.150. Derogando expresamente el Decreto dictado por el presidente Hugo Chávez, el día 08 de diciembre de 2011, mediante el Decreto N° 8.683, el cual había sido publicado en la Gaceta Oficial de la República Bolivariana de Venezuela, el día jueves 15 de diciembre de 2011, Extraordinaria, Número, 6.063.

En el mismo sentido de los dos Decretos Leyes anteriores que analizamos, en su artículo 2°, dispone que sus normas son de orden público, por lo que serán aplicadas con carácter preferente frente a cualquier otra norma de ese mismo rango, especificando que de forma supletoria podrá aplicarse la Ley de Minas vigente y su Reglamento, para las materias que no hubiesen sido previstas por esta norma que entra en vigencia, en lo atinente al régimen tributario, respecto del cual, se aplicará el establecido en el decreto que reserva la actividad. Igualmente, circunscribe de manera exclusiva y excluyente de cualquier otra, a la jurisdicción de sus tribunales y con arreglo a las leyes del país, todos los hechos y actividades que se realicen en apego a las disposiciones normativas por ese instrumento legal establecido.

Si bien, el contenido del artículo 6° es titulado, "Reserva del Estado", exponiendo en él, la razón de su objeto, aprovecha el legislador para determinar que debe entenderse por actividades primarias a sus efectos legales, diciendo "…se entenderán por actividades primarias, la exploración y explotación de minas y yacimientos de oro", hasta allí, su consideración, luego continua exponiendo, que por actividades conexas y auxiliares se tendrán el almacenamiento, tenencia, beneficio, transporte, circulación y comercialización interna y externa del oro. Por lo anteriormente expuesto, es oportuno citar, que en el articulado analizado de los tres Decretos Leyes que han reservado el oro y sus actividades conexas, en ninguno de ellos, se prevé que se entiende por exploración minera, lapso de exploración, formalidades para su ejercicio, formulación de inventarios, entre otros aspectos de importancia para esa actividad minera, como si se encuentran detallados en la Ley de Minas de 1999, y su Reglamento General dictado en el año 2001.

Vistos los comentarios que se vienen explanando, y al referirse la norma estudiada, como complemento de la carencia arriba señalada; el aspecto de la recuperación del medio ambiente, a consecuencia de la actividad extractiva, solo se limita a determinar muy superficialmente:

> "...Artículo 42: El ejercicio de las actividades previstas en el presente Decreto con Rango, Valor y Fuerza de Ley, se realizarán empleando las mejores prácticas científicas, y tecnológicas, procurando la óptima recuperación del ambiente y la extracción racional del recurso aurífero, dando estricto cumplimiento a la legislación ambiental, la ordenación del territorio y a las demás normativas que rigen la materia."

Decreto-Ley, N° 2.165.

Un día antes de vencer la habilitación legislativa que extendió la Asamblea Nacional al presidente Nicolás Maduro para el año 2015, dictó el Decreto N° 2.165, con Rango, Valor y Fuerza de Ley Orgánica que Reserva al Estado las actividades de Exploración y Explotación del Oro y Demás Minerales Estratégicos, publicado en Gaceta Oficial de la República N° 6.210, Extraordinaria de fecha miércoles 30 de diciembre de 2015. El primer capítulo hace referencia a las nociones generales que se establecen en dicha Ley, hilvanando los conceptos y principios básicos que lo contienen de forma lógica, conforme a los intereses que plasma el legislador en él; encontramos en su artículo 5°, lo que será considerado a efectos legales como exploración para el ejercicio de las actividades primarias reguladas; definiendo lo siguiente:

> "Artículo 5°: A los efectos de este Decreto con Rango, Valor y Fuerza de Ley se entiende por: ...Exploración: la etapa previa a la fase

> extractiva de la actividad minera, que consiste en la localización, caracterización y cuantificación del mineral para la determinación de la viabilidad del proyecto minero."

Vale en este momento afirmar, que a parte del enunciado anteriormente compartido, se encuentra sin determinar de forma clara, qué papel juega la exploración en ese proceso, por cuanto en su artículo 20, se señalan respecto del Ministerio que tenga competencia en la materia, indicar la determinación del área asignada a cada empresa, órgano o ente del Estado, para la realización de las actividades primarias, previo cumplimento de las obligaciones ambientales. Pudiera llegarse a establecer, que se encuentra la exploración considerada dentro de ese aspecto, visto lo general de su planteamiento; pero al continuar analizando la redacción, en lo atinente al tiempo de duración de las actividades primarias, solo se hace referencia a que estas tendrán un lapso no mayor de veinte (20) años para explotar, prorrogable hasta por veinte años más, dividido en dos períodos no mayores a diez años.

En atención a todo lo desarrollado y expuesto, resulta importante acotar, que en virtud del vacío legal que encontramos en la norma que estudiamos en este capítulo, respecto a las formalidades para el ejercicio de la exploración, como actividad primaria descrita en el Decreto Ley in comento; adicionalmente, en el entendido que sí define lo que se considera exploración en su artículo 5°, en cuanto a sus características ya señaladas; por lo que tomando en cuenta además, que tal disposición no difiere del contenido estipulado en la Ley de Minas de 1999 y su Reglamento General del 2001; siendo que las normas de estos instrumentos legales pueden aplicarse de forma supletoria por no contradecir la expresa disposición del artículo 2° del Decreto Ley, hoy vigente mediante el cual se reservó las actividades del oro y demás minerales estratégicos para el país, el cual se cita:

> "… Aplicación Supletoria. Artículo 2°: En todo lo no previsto en este Decreto con Rango, Valor y Fuerza de Ley, se aplicarán supletoriamente la Ley de Minas y su Reglamento, salvo lo referente al régimen tributario, el cual no le es aplicable al oro y demás minerales declarados como estratégicos."

Es por lo que se considera, que deben tenerse como formalidades legales vigentes para ser acatadas por los titulares de derechos mineros, en ejercicio de las actividades primarias establecidas como normas en el marco del Decreto-Ley que Reservó la actividad del Oro y Demás Minerales Estratégicos, así como, por los órganos del Estado encargados de administración, organización y vigilancia, las normas establecidas en el Capítulo IV, Sección Primera, de la Ley de Minas de 1999; publicada bajo el nombre de: Decreto N° 295, con Rango y Fuerza de Ley de Minas en la Gaceta Oficial de la República de Venezuela, N° 5.382, Extraordinaria, de fecha martes 28 de septiembre de 1999; y conforme con lo dispuesto en el Capítulo IV, Sección I, del Reglamento General de la Ley de Minas, vigente según Decreto N° 1.234, publicado en Gaceta Oficial Ordinaria de la República Bolivariana de Venezuela N° 37.155, de fecha viernes 09 de marzo de 2001, referentes a la exploración minera.

CAPÍTULO 6

PROYECTOS DE REFORMA LEGISLATIVA EN EL SIGLO XXI

Proyecto de Ley Orgánica de Minas (2006).

Dentro del conjunto de proyectos de leyes que tiene paralizados en primera discusión la Asamblea Nacional, a partir de su instalación como nuevo Poder Legislativo a consecuencia de la entrada en vigencia de la Constitución de la República Bolivariana de Venezuela encontramos una propuesta de modificación a la actual Ley de Minas que nos rige (1999); proyecto, llevado al parlamento por la iniciativa parlamentaria de la Vicepresidencia de la República, su expediente fue signado con el número 473, para el período de gobierno 2000-2006, siendo aprobado en primera discusión el día 20 de junio del año 2006, cuyo título sería: Ley Orgánica de Minas; pretendiendo tener por objeto, prever el desarrollo de la actividad minera a través de una Empresa de Producción Social Minera Nacional, C.A., y en ese sentido, ser adscrita, para ese entonces al Ministerio de Industrias Básicas y Minería, así desarrollar la industria minera en todo el territorio nacional, a través de labores de exploración, explotación, procesamiento e industrialización de los minerales.

Por lo que podemos resaltar, que ese proyecto tuvo una férrea resistencia en el sector productivo y artesanal que hace vida en el sur del país; en esa época, destacaron los detractores del proyecto presentado, la preocupación en aquellos que se dedican a la pequeña minería y a la minería artesanal, por considerar ellos, que los harán desaparecer de la actividad de la que han hecho su oficio habitual, esto, debido a que ya los estaban trasladando inconsultamente a los estados Portuguesa y Lara, para que se dedicasen a otros oficios diferentes a los mineros, lo cual generó una fuerte protesta al iniciarse el año, justo al comienzo del nuevo periodo presidencial, de esa fecha. Para la materia objeto de nuestro particular estudio en este trabajo, conseguimos, que, en su Exposición de Motivos, se hizo alusión al nacimiento de una nueva empresa, que tendría la responsabilidad para desarrollar la industria minera en todo el país, del cual puede leerse el siguiente extracto.

> "La Ley prevé el desarrollo de la actividad minera a través de la empresa de Producción Social Minera Nacional, C.A., adscrita al Ministerio de Industrias Básicas y Minería, la cual tiene por objeto desarrollar la industria minera en todo el territorio nacional, a través de labores de exploración, explotación, procesamiento e industrialización de los minerales, con especial énfasis en el oro y los diamantes y su comercialización, tanto en el mercado nacional como internacional; así como efectuar estudios y proyectos en el ramo de la minería y desarrollar programas de asistencia técnica a pequeños mineros."

De la misma manera, el proyecto de ley, que fue aprobado en primera discusión parlamentaria, previó la incorporación de la figura de empresas mixtas, para la realización de las actividades que denominó como primarias; entre las cuales encontramos la exploración; con la incorporación de las empresas mixtas dentro del marco de la legislación, se pasaría a sustituir el régimen que hasta hoy rige en Venezuela, por intermedio de concesiones de otorgamiento facultativo por parte del Estado; el cambio propuesto por la Vicepresidencia de la República, y aprobado primariamente por los legisladores, bajo el argumento, que el mencionado régimen de concesiones está enmarcado dentro del sistema capitalista, el cual genera la formación de monopolios y privilegios a particulares al disponer de más áreas del territorio, que en la práctica vulneran el ejercicio de la soberanía nacional que sobre el control de las materias primas, que el Estado debe mantener.

En atención a lo anteriormente mencionado respecto al sistema de concesiones, como argumento de la iniciativa parlamentaria del Poder Ejecutivo y lo aprobado por los Diputados, nada más alejado a la realidad; la Constitución de 1999 fue redactada por gran parte de los que fungieron como diputados para el período legislativo en el 2006, tiempo en que se aprobó la primera discusión de la reforma de la Ley de Minas en comento, esa mayoría mencionada, tenía la condición de Constituyentes en 1999; nada más que comentar después de la lectura de las líneas que a continuación se comparten. No se puede cambiar el espíritu, propósito y razón del artículo 113 de la Constitución de la República Bolivariana de Venezuela que establece las condiciones para impedir la constitución de monopolios; y luego, de forma expresa y clara en su segundo y último párrafo expone:

> "Cuando se trate de explotación de recursos naturales propiedad de la Nación, o de la prestación de servicios de naturaleza pública con exclusividad o sin ella, el Estado podrá otorgar concesiones por tiempo determinado, asegurando siempre la existencia de contraprestaciones o contrapartidas adecuadas al interés público."

Es sabido la manifiesta intencionalidad del Poder Ejecutivo Nacional desde inicios de su tránsito por el gobierno, en sustituir el régimen de concesiones por el de la constitución de empresas mixtas bajo su control accionario para la República, lo que a mi modo de interpretar la norma, no se adapta al mandato constitucional; aun así, es palpable que ha venido sustituyendo en otras legislaciones el régimen de concesiones por empresas mixtas, en las cuales se regulan la exploración y explotación de recursos naturales propiedad de la República; algunos de esos casos serán comentados en los puntos que abordaremos para referirnos al aprovechamiento del oros y demás minerales estratégicos.

Resulta conveniente establecer que para establecer empresas mixtas en Venezuela, además de su regulación legal, es imprescindible que una de las partes sea un socio público; bien directamente la República, una de las empresas de su exclusiva propiedad, o filiales de ellas, previéndose en su constitución y estatutos, mantener un porcentaje accionario dentro del capital social por medio del cual se le garantice a la República el control en las decisiones; para la otra parte de la sociedad, se debe considerar el estar integrada por personas naturales o jurídicas, a quienes la legislación debe restringir la posibilidad de ceder, enajenar o traspasar sus acciones, hasta obtener la debida autorización del ente gubernamental encargado de esa materia, debiendo en todo caso prever dicha legislación, el derecho preferente de la República para adquirir dichas acciones, más adelante profundizaremos al respecto, cuando analicemos la situación actual del aprovechamiento de los minerales que han sido reservados por ley hasta la presente fecha.

Se incluyó en el Capítulo III, del proyecto parcialmente aprobado en 2006, un nuevo artículo, tendría asignado el número 24, y en él se expresa:

> "… las actividades relativas a la exploración en busca de yacimientos mineros, y el aprovechamiento racional y sustentable de los recursos mineros en estado natural, transporte, el almacenamiento y comercialización comprendidos en esta Ley, se denominan actividades primarias…"

Por lo que, de aprobarse la ley con el contenido actual, la exploración minera se considerará una actividad primaria, la cual podría ser realizada por particulares, solamente en los casos que se encuentren considerados dentro de las previsiones del artículo 7 del proyecto de Ley, que establece:

> "Artículo 7. La exploración y el aprovechamiento racional y sustentable de los recursos mineros sólo podrá hacerse mediante las siguientes modalidades:
> a) Directamente por el Ejecutivo Nacional;
> b) A través de la Empresa de Producción Social Minera Nacional, C.A.;

> c) A través de la constitución de empresas mixtas en la cual el Estado tenga la participación mayoritaria en el capital social;
> d) Autorizaciones de aprovechamiento racional y sustentable de los recursos mineros para el ejercicio de la pequeña minería;
> e) Mancomunidades mineras; y,
> f) Minería Artesanal…"

En el artículo 30 del proyecto, se incluye la redacción de una nueva normativa, disponiendo que las empresas mixtas autorizadas para ejercer, entre otras las actividades de exploración, tendrán el deber de solicitar la Autorización de Ocupación del Territorio y posterior Afectación, según fuere el caso, así como la constitución de servidumbre a favor de la actividad, por ante el órgano competente.

Posteriormente, el Capítulo V, del Título III, está dedicado a la exploración, con un total de diez artículos que establecen los parámetros bajo los cuales se podrá llevar a cabo la exploración de las minas en Venezuela, bajo el imperio de ese texto legal, de entrar en vigencia en las condiciones que fue aprobado en la primera discusión de la Asamblea Nacional, y del cual se harán los siguientes comentarios.

En el nuevo artículo 60, del proyecto de Ley Orgánica de Minas, expresa que se entenderá por exploración, a los efectos de esa ley, "… se entiende por exploración, la actividad destinada a la búsqueda detallada y reconocimiento de depósitos minerales en un área determinada..."

A parte de las consideraciones, reseñadas en los párrafos anteriores, el articulado del Capítulo V, del proyecto de ley aprobado, los cuales hacen referencia expresa, al estudio de factibilidad técnico, financiero y ambiental, a la elaboración de los planos, a la determinación de la superficie encerrada dentro de los linderos del lote, o cuando se establece la posibilidad de vender aquellos excedentes de mineral obtenidos en fase de exploración, no ofrecen cambios de fondo en su contenido, sentido de interpretación o estructura, solo se dedican a realizar las sustituciones de nombre, respecto de las nuevas instituciones que sustituyen al concesionario, en las faenas de la exploración, para obtener el derecho de aprovechamiento del mineral.

Como consideración general y limitada al proyecto de reforma que ya fue aprobado en primera discusión por la Asamblea Nacional, estimo que han debido tomarse en cuenta modificaciones sustanciales.

Primero: en cuanto a la contraprestación económica que recibe el Estado Venezolano, por el aprovechamiento que realizan los particulares que intervienen en la actividad minera, y no solo conformarse en incorporar la creación de empresas mixtas o empresas de producción social minera; que solo contribuyen para abultar las nóminas de empleados al servicio del Estado y no generan, estimulan o promueven la inversión en el sector.

Segundo: la modificación ha debido centrarse en otro importante tema descuidado hasta el presente, referido a la protección ambiental, urgente la fiscalización de la actividad en ese sentido, buscando que sea más contundente el peso de la Ley, sobre el control en los procedimientos y métodos de extracción, beneficio y transporte del mineral, como también, el establecer un mecanismo de seguimiento para la recuperación de los suelos afectados por los trabajos mineros, no es suficiente la exigencia actual de la fianza ambiental, para hacerla valer en caso de incumplimiento.

Proyecto de Reforma a la Ley de Minas, (2016).

La Asamblea Nacional que ejerció funciones legislativas para el período 2016-2020, resultante de una votación universal, directa y secreta del pueblo venezolano que llevó al Poder Legislativo Nacional a más de tres cuartas partes de los diputados con posibilidad a ser electos en esa votación, quienes eran procedentes de corrientes políticas distintas a las profesadas por quienes estaban ejerciendo el Poder Ejecutivo desde la entrada en vigencia de la Constitución de 1999, en su primer período de sesiones ordinarias, aprobó para el día doce (12) de julio de 2016, en primera discusión un proyecto de reforma a la Ley de Minas de 1999, éste, de acuerdo a lo que se desprende en su exposición de motivos, con la finalidad de establecer el control sobre el otorgamiento de los derechos de exploración y explotación de minerales, según lo contemplado en los artículos 113, 150, 156.14, y 187.9 de la Constitución de la República de 1999.

En una muy bien relacionada Exposición de Motivos, se destacó en principio la determinación del artículo 113 de la Constitución de la República de la República Bolivariana de Venezuela, respecto al régimen de concesiones, explanándose en su redacción, respecto de los tipos de concesiones que se distinguen en doctrina y la práctica administrativa, donde se encuentran, la concesión de servicio público y las que recaen sobre los bienes del dominio público, ésta última, referida a los recursos naturales propiedad de la Nación, como es el caso de los yacimientos mineros y de hidrocarburos, a tenor de lo dispuesto en el artículo 12 constitucional, en el cual se determina que la propiedad de la República respecto de estos bienes del dominio público, tienen como características intrínsecas, que son inalienables e imprescriptibles.

Continua exponiendo el legislador en su proyecto del año 2016, que toman en cuenta para la redacción de la reforma de la ley en comento, que conforme a lo dispuesto en el artículo 156.16 constitucional, es de la competencia del Poder Público Nacional, el régimen y administración de las minas, y al Poder Legislativo Nacional, le corresponde ejercer el control respecto de la Administración Pública; tomando en cuenta la disposición establecida por el artículo 150 de esa misma Constitución, respecto a que los contratos de interés público de la Nación requerirán de la aprobación de la Asamblea Nacional, en aquellos casos que sean determinados por la ley; y en virtud de las consideraciones establecidas anteriormente, en relación al otorgamiento de las concesiones mineras mediante contratos por el Ejecutivo Nacional, y que por su naturaleza y objeto entran en la clasificación de contratos de interés público se entiende que tal control le corresponde ejercerlo a la Asamblea Nacional.

Visto el razonamiento anterior, es menester comentar que el Decreto N° 295, con Rango y Fuerza de Ley de Minas de 1999, entró en vigencia desde la fecha de su publicación en la Gaceta Oficial de la República de Venezuela, Extraordinaria N° 5.382, de fecha martes 28 de septiembre de 1999, en consecuencia respecto de la Constitución que nos rige actualmente, tiene la condición de ser en una ley "preconstitucional", por lo que en el proyecto de su reforma en 2016, se consideró que había la necesidad de adecuar su texto al mandato Constitucional vigente; en consecuencia, es "**necesario**", establecer el control parlamentario cada vez que el Ejecutivo Nacional otorgase una concesión de exploración y explotación minera. Considero que en la actualidad es una mora del legislador patrio establecer dichos controles para preservar los pesos y contrapesos que deben mantenerse en un Estado Federal, que propugna un gobierno democrático, participativo, electivo, descentralizado, alternativo, responsable, pluralista y de mandatos revocables.

Las reformas propuestas se redujeron a: primero: Cambiar el nombre del texto de la legislación a Ley de Minas, al ser sancionada por la Asamblea Nacional; segundo: establecer la prohibición de otorgar concesiones mineras para su exploración y subsiguiente explotación a gobiernos extranjeros; y las que se pretendan otorgar, deberán contar con la autorización previa de la Asamblea Nacional, quien deberá estar informada de las circunstancias, condiciones y las ventajas especiales que pudieran estar establecidas en favor de la República, con posibilidad de hacer las modificaciones que considere conveniente formular; tercero: se propuso suprimir cuatro artículos del texto del Decreto-Ley que por haber vencido en el año 2000, el plazo para su cumplimiento.

Ley de Reforma Parcial del Decreto N° 2.165, en el año 2016. Por parte de la Asamblea Nacional (2016).

"LEY DE REFORMA PARCIAL DEL DECRETO N° 2.165 CON RANGO, VALOR Y FUERZA DE LEY QUE RESERVA AL ESTADO LAS ACTIVIDADES DE EXPLORACION Y EXPLOTACION DEL ORO, ASI COMO LAS CONEXAS Y AUXILIARES A ESTAS", por parte de la Asamblea Nacional que comenzó funciones legislativas para el año 2016; cuyo título se señala en mayúscula y entre comillas, queriendo resaltar que se traslada fielmente del sitio web de la Asamblea Nacional. En la Exposición de Motivos de la sancionada ley, inicia estableciendo que el régimen y administración de las minas, así como la conservación y el aprovechamiento de las riquezas naturales del país, constituyen materias competencia del Poder Nacional, conforme a lo dispuesto en el artículo 156, numeral 16 de la Constitución, correspondiendo a la Asamblea Nacional su desarrollo legislativo; manteniéndose en contraste, vigente la regulación mediante la cual, las actividades de exploración, explotación del oro y sus actividades conexas, sin el necesario control por parte de la Asamblea Nacional.

Determinaron igualmente en dicha Exposición de Motivos, que la reforma transformada en Ley formal, estaba dirigida a consagrar el requerido control por parte de la Asamblea Nacional, como máximo representante del Poder Legislativo, en atención a la creación, para generar condiciones de funcionamiento y modificación de las empresas y las alianzas estratégicas, que se dediquen a realizar las actividades reguladas, por lo que dispone expresamente el requerimiento de la autorización previa, por parte de esa institución Legislativa, de los actos de constitución de las empresas mixtas, así como para el establecimiento y modificación de las condiciones que regirán las actividades de dichas empresas, por cuanto corresponden a actividades de interés nacional, reguladas por Constitución, y reafirmado por la Sala Constitucional del Tribunal Supremo, al calificarlos con el carácter de "interés nacional", siendo ésta, quien en atención a la importancia e implicaciones de las asociaciones y contrataciones realizadas por el Ejecutivo Nacional, debe decidir cuándo se requiere la intervención previa de la Asamblea Nacional.

Así quedó evidenciado en la sentencia N° 1.029 de fecha 13 de junio de 2001, Expediente 01-1008, de la Sala Constitucional del Tribunal Supremo de Justicia que ese requisito de autorización previa por parte del Poder Legislativo debe estar en la legislación de marras, estableciendo:

"El artículo 150 de la Constitución de la República Bolivariana de Venezuela prevé la aprobación de la Asamblea Nacional de los contratos de interés público nacional en los casos que determine la ley; y el primer acápite establece, implícitamente, una clasificación de interés público (categoría genérica) y de los intereses municipales, estadales o nacionales (categorías específicas) en que se basa la exigencia de que los contratos clasificados en dicho acápite deben ser aprobados por la Asamblea Nacional; . 6° El artículo 187.9 atribuye a la Asamblea Nacional la competencia de «autorizar al Ejecutivo Nacional para celebrar contratos de interés nacional, en los casos establecidos en la ley», en concordancia con lo dispuesto en el artículo 150 de la Constitución de la República Bolivariana de Venezuela; … 8° De las normas citadas se colige: a) la determinación de los contratos de interés nacional es de reserva legal, según lo dispuesto en el artículo 150 y en el artículo 187.9 de la Constitución de la República Bolivariana de Venezuela."

En ese sentido, y en concreto la reforma planteada, mediante el artículo primero, se modificó el artículo 15 del Decreto-Ley No 2.165, en la forma siguiente:

"Artículo 15°. La constitución y condiciones de las Empresas a que se refiere el artículo 10 y 11 del presente instrumento legislativo, así como alianzas estratégicas a que se refiere el artículo 24, requerirán la autorización previa de la Asamblea Nacional, mediante Acuerdo adoptado con por lo menos la mayoría simple de los diputados, a cuyo efecto el Ejecutivo Nacional, por órgano del Ministerio con competencia en la materia, deberá informar a la Asamblea Nacional de todas las circunstancias pertinentes a dicha constitución y condiciones, incluidas las ventajas especiales previstas a favor de la República.

Dicha autorización de la Asamblea Nacional será requerida, en las mismas condiciones, previo a toda modificación respecto del porcentaje de participación en el capital accionario, así como cualquier otra reforma estatutaria de dichas empresas."

La reforma del Artículo 2°. Modificó el contenido del artículo 16 del Decreto-Ley N° 2.165, en la forma siguiente:

«Artículo 16°. Para la realización de las actividades primarias, las Empresas Mixtas se regirán por lo dispuesto en esta Ley y, en cada caso particular, por los términos y condiciones establecidos en el Acuerdo de la Asamblea Nacional en el cual se autorice su constitución, funcionamiento».

Por último, se modificó mediante aprobación del Artículo 3°. El contenido del artículo 21 del Decreto-Ley N° 2.165, en la forma siguiente:

> "Artículo 210: El Ejecutivo Nacional mediante Decreto podrá transferir a las personas referidas en los numerales 1 y 2 del artículo 10 del presente instrumento legislativo, el derecho al ejercicio de todas o parte de las actividades aquí reservadas. Asimismo, podrá conferirles derechos reales sobre

> bienes muebles o inmuebles del dominio privad o de la República, requeridos para el eficiente ejercicio de tales actividades.
> El Ejecutivo Nacional podrá abstenerse de otorgar estos derechos, incluso revocarlos, en ejercicio de sus potestades soberanas, cuando así convenga al interés nacional, e igualmente, cuando las referidas empresas no en cumplimiento a sus obligaciones.
> Los derechos asignados para el ejercicio de las actividades reservadas podrán ser transferidos con ocasión de la creación de empresas mixtas, supuesto en el cual, se reputarán como aportes de la República o sus entes a la empresa que se constituye.
> En cualquier caso, la transferencia de esos derechos por parte del Ejecutivo Nacional a una empresa mixta requerirá la previa autorización de la Asamblea Nacional."

Se trató de una reforma de Ley, mediante la cual se ejercería una valoración de las concesiones por otorgar, fijar reglas claras a los terceros interesados en la actividad, creando un fortalecimiento institucional por parte del Poder Público, en cuanto a la selección objetiva de los socios a constituir las empresas mixtas, evitando la discrecionalidad individual del Poder Ejecutivo al ser examinada su gestión, mediante el control parlamentario, que en cumplimiento de las atribuciones constitucionales vigentes, se generan con ello, los pesos y contrapesos que la democracia requiere para su funcionamiento acorde a los principios de legalidad y colaboración entre poderes; igualmente se hacen presentes para determinar las atribuciones del Poder Público Nacional, y coadyuvan a fortalecer la gobernabilidad y transparencia en la Gerencia Pública, la cual no pasó de la correspondiente sanción del Poder Legislativo Nacional, debido al veto presidencial y posterior decisión de la Sala Constitucional del Tribunal Supremo de Justicia que compartiremos a continuación.

Sentencia del Tribunal Supremo de Justicia, Respecto a la Sanción de la Ley de Reforma en 2016.

Se da cuenta por parte de la Sala Constitucional del Tribunal Supremo de Justicia, que el 19 de agosto de 2016 se recibió comunicación remitida por el Presidente de la República Bolivariana de Venezuela, ciudadano Nicolás Maduro Moros, en la que solicita el control previo de constitucionalidad de la Ley de Reforma Parcial del Decreto N.° 2.165 con Rango y Fuerza de Ley Orgánica que Reserva al Estado las Actividades de Exploración y Explotación de Oro, así como las Conexas y Auxiliares a Éstas, sancionada por la Asamblea Nacional el 9 de agosto de 2016, dándosele entrada al contenido, y signado con el expediente N° 16-0831, en consecuencia se acordó asumir el asunto con ponencia conjunta de todos los magistrados que la componen, decidiendo bajo los razonamientos de su competencia que:

> "---Se DECLARA nula de toda nulidad, carente de validez, existencia y eficacia la Ley de Reforma Parcial del Decreto N° 2165 con Rango y Fuerza de Ley Orgánica que Reserva al Estado las Actividades de Exploración y Explotación de Oro, así como las Conexas y Auxiliares a Éstas, sancionada por la mayoría de los diputados que integran la Asamblea Nacional, el 9 de agosto de 2016, por cuanto fue dictada en franco desacato de decisiones

> judiciales emanadas de este Máximo Tribunal de la República, sin que ello prejuzgue sobre otras posibles causales de nulidad por inconstitucionalidad, tanto de forma como de fondo, en las que pudiera estar incursa la referida ley."

En ese mismo sentido, declaró que continuarán considerándose inconstitucionales y, por ende, nulos, carentes de vigencia y eficacia jurídica, los actos emanados de la Asamblea Nacional, incluyendo las leyes que sean sancionadas, mientras se mantenga el desacato a la Sala Electoral del Tribunal Supremo de Justicia. Ese argumento, de la Sala Constitucional del máximo tribunal de la República se mantuvo, para todos los actos emanados durante el período legislativo 2016-2020, por parte de la Asamblea Nacional como cuerpo colegiado donde reposa el Poder Legislativo Nacional, desencadenando toda una cadena de acontecimientos que desestabilizaron la vida social, política, institucional, jurídica, académica, cultural y económica, que hasta estos tiempos arrastra sus consecuencias.

Proyecto de Reforma a la Ley de Minas (2020).

Viviendo dentro de un ambiente de incertidumbre jurídica, respecto de las contradicciones políticas que se desarrollaban en Venezuela para esa época, en sus últimos tiempos de legislatura hábil por Constitución de la Asamblea Nacional, período 2016-2020, se comenzó a discutir otro proyecto de reforma a la Ley de Minas de 1999, en ésta oportunidad, no pasó de haber sido aprobado en su primera discusión por la Comisión de Energía y Petróleo, a inicios del mes de septiembre del año 2020, con la intensión según sus proponentes de colocar la actividad minera venezolana a la vanguardia de las buenas prácticas de regulación internacional en torno a la minería responsable.

Las primeras determinaciones tomadas en cuenta a decir de la Comisión encargada del Proyecto de Ley, se inclinaron por decretar la evidencia de un debilitamiento en las instituciones mineras como consecuencia del desbordamiento de la minería ilegal, que mantenían su constante deterioro del medio ambiente, la poca capacidad del Estado en ejercer el Resguardo Nacional Minero, a pesar de su determinación legal, y muy especialmente, a los nueve años que para ese entonces ya tenía la exploración y explotación del oro, bajo la reserva legal; aunado que para ese momento bajo la argumentación de los diputados proponentes, habían entrado en vigencia en los últimos cuatro años un gran número de decretos y resoluciones, cuyo fin fue adecuar la legislación a intereses particulares, sin tomar en cuenta los principios de seguridad jurídica, aspectos que no fueron detallados en profundidad por los voceros legislativos.

En cuanto a los aspectos resaltantes de las reformas, pretendían dar apertura a la inversión del sector privado, tanto nacional y como extranjero, dar apertura a la minería responsable mediante la implementación de esquemas tendentes a la certificación de minerales, buscando proteger la sostenibilidad ambiental, previendo la contaminación y el fomento de la participación ciudadana a través de la responsabilidad social desde los proyectos mineros; integrar a las comunidades indígenas y los pueblos originarios, sin que por ello, las actividades mineras se lleven a cabo sin lesionar su integridad, cultural, social y económica; preveían que el órgano rector del sector sería el Ministerio con competencia en materia minera, a quien le correspondería la planificación promoción y formulación de las políticas públicas, estableciendo la Coordinación Interterritorial entre el Ejecutivo Nacional y el Regional para el aprovechamiento de los minerales no metálicos que se encuentren en las áreas donde se hayan otorgado derechos mineros, entendiendo la competencia exclusiva que mantienen las entidades federales respecto de los no metálicos; se contemplaba la creación del Catastro Minero Nacional, a cargo de un órgano o ente autónomo, para la gestión y administración de los derechos mineros, manejo de la información catastral; tramite de asuntos ambientales (licencias); recaudación y distribución del canon minero.

Determinaban de acuerdo a la información suministrada por el presidente de la Comisión de Energía y Petróleo, al aprobar dicho proyecto en su primera discusión, "… que se establecerían áreas donde están excluidas las actividades mineras, y áreas donde están restringidas. Establece cuatro Modalidades para la Exploración y Explotación Minera: 1) Ejercicio Exclusivo y Directo por la República; 2) Concesiones de Exploración y subsiguiente Explotación; 3) Autorizaciones de Explotación para el ejercicio de la Pequeña Minería; y 4) Permisos para la Minería Artesanal.", sin precisar cuál era su diferenciación del régimen que actualmente se encuentra vigente en la Ley de Minas de 1999.

Novedoso en el proyecto, representó el anuncio de la libre prospección sin necesidad de solicitar autorización previa a la autoridad minera, siempre que no incluya excavaciones mecánicas ni perforaciones, <u>lo cual sería relevante para el contexto de la presente investigación</u> (subrayado nuestro), de haber sido aprobada la reforma en ese sentido;

además, la ampliación del lapso de duración de las concesiones mineras a sesenta (60) años, con un período inicial de treinta (30) años, más dos posibles prórrogas de quince (15) años cada una, determinaban adicionalmente que el área máxima para la exploración sería de 12.800 hectáreas; y modificaban sustancialmente el procedimiento y lapsos para el otorgamiento de títulos mineros. Comentamos, que no especificó el diputado, si los treinta años iniciales de concesión a los que hizo referencia, se dedicarían a la exploración previa, u otros aspectos distintos al inicio de la explotación minera, ni tampoco, sobre el nuevo procedimiento al que hizo alusión, dando la impresión que el acto fue más político que legislativo, pero hay que reseñarlo en la historia.

CONCLUSIONES

Es de apreciación inmediata, que la figura de la exploración en materia minera, comenzó por ser una actividad desarrollada íntegramente por particulares, al tiempo que las diversas teorías trataban de establecer a quién le correspondía la propiedad del yacimiento o depósito contentivo de la mina, conforme fue evolucionando su aprovechamiento en el tiempo; se inicia por aquellos quienes determinaron que ellas correspondían a quien las descubriese, hubo variaciones en torno a ello, y luego, moviéndose su orientación a lo dispuesto por los romanos en el tiempo de transitar su concepción del derecho civil, y por tanto, al tratar el tema de la accesión, valoraron esa condición a efectos de determinar que la propiedad minera correspondía al propietario del suelo, llegando a su tratamiento actual, con arraigo en la mayoría de las legislaciones vigentes, a través de la cual, los yacimientos y depósitos de minerales, pertenecen al Estado o el Soberano; aspecto de gran importancia para entender, el alcance en la determinación de la exploración en cada momento histórico que se analiza.

Desde la época del descubrimiento y del peregrinar de los conquistadores españoles por nuestras tierras, en la búsqueda afanosa del santuario preñado por el oro y demás piedras preciosas denominado como "EL DORADO"; el que fue concebido con la orientación inequívoca de poder y fuerza, que se genera a través de la riqueza; incrementó la frecuencia de las travesías, el empeño en mantener el dominio sobre estas tierras y sobre todo, lo que condujo a una coordinada y prolífera legislación en torno al aprovechamiento de los minerales, notoria es la visión del Libertador, cuando el 24 de octubre de 1829, dicta el Decreto de Quito y su primer artículo, declara la propiedad sobre las minas para los países que recién se independizaban, estableciendo el sistema regalista en torno a su aprovechamiento, manteniendo la exploración minera bajo los designios de éste.

De inequívoca importancia para el tema investigado, lo dispuesto por José Gregorio Monagas en 1854, al implementar en la legislación, el permiso de averiguación, constituyéndose en la primera disposición de carácter legal, que hacía mención a esta posibilidad; en él, se permitían labores exploratorias en suelo de propiedad particular, así como, en los baldíos, previo concurso de sendos permisos, la cual, con las modificaciones y restricciones que, en cada una de las reformas legales, en los diversos textos que conforman nuestro banco de leyes, se han dispuesto, mantuvieron a la exploración, como actividad compartida entre el Estado, en su carácter de propietario de las minas, conjuntamente con los particulares a través de la llamada exploración libre y la exploración exclusiva, dispuestas en la Ley de Minas de 1945, las cuales entraron en desuso, al aparecer en escena en 1977, el Decreto Nº 2.039, que reservó su ejercicio sobre todas las sustancias existentes en el país al Estado.

Al consolidarse la aplicación del sistema dominial en Venezuela partiendo de las disposiciones contenidas en la Ley de Minas que rige desde 1999, legislación que hace énfasis sobre la propiedad de los yacimientos mineros a la República, bajo condición de dominio público, cuya consecuencia es la imprescriptibilidad e inalienabilidad del recurso minero; convierte a la figura "exploración minera", en ser inicialmente una atribución directa del Estado, instaura su obligación exploratoria, y la generación del inventario de recursos mineros existentes en nuestra Nación, pero, abre la posibilidad para los particulares que intervienen en el aprovechamiento de las minas por intermedio del otorgamiento de concesiones, a realizar dentro del espacio concedido, labores exploratorias con miras a determinar, si al emprender una explotación de determinado mineral, en esos espacios concedidos, este será industrial o mercantilmente explotable.

El interés del Estado en los inicios del siglo XXI, atendiendo a las disposiciones comentadas, los recursos que le confieren las leyes y las decisiones emanadas desde la Sala Constitucional del Tribunal Supremo de Justicia, como máximo exponente de la interpretación Constitucional, han hecho migrar el otorgamiento de derechos mineros a la instauración de empresas mixtas, cuando el Estado, o los entes de su propiedad no son los encargados directos de su aprovechamiento; con ello, de acuerdo a argumentos gubernamentales, mantener desde el control accionario de la compañías que se formen, la vigilancia para la correcta ejecución de los Planes económicos dispuesto por la República Bolivariana de Venezuela, cuyo exponente primordial es el Plan Sectorial Minero, 2019-2025.

La legislación general que regula la minería en Venezuela se mantiene vigente desde 1999, con las variantes establecidas en las Leyes que han venido apareciendo en escena para la reserva del oro a partir de 2011, y especialmente, la que actualmente rige para establecer las actividades primarias del oro y demás minerales estratégicos para la

República, donde se determina la figura de la exploración minera conforme a sus postulados; pero no genera su articulado, el desarrollo legal en consecuencia para indicar, cuanto es el tiempo de su ejecución, espacios y limitaciones para el ejercicio de la exploración, la importancia en generar un programa de exploración que contenga, cronograma de actividades y de inversión que deberían presentar los que aspiren ejecutar esas actividades primarias, igualmente, establecer que derechos se le que confiere a su titular, obligatoriedad de elaborar y presentar un informe periódico de las actividades realizadas, establecer la posibilidad de una prórroga en la actividad exploratoria si se considera prudente; en fin, consideraciones que robustecen la aplicación del sistema dominial escogido por la República para el aprovechamiento de ese recurso mineral.

Con especial atención a la diversidad legislativa que ha surgido con motivo a la reserva del oro, demás minerales estratégicos, y la concepción de la explotación del Arco Minero del Orinoco, área que fue explorada previamente por la República; los cuales no se relacionan íntimamente con el resto de la norma que trata la minería en nuestro país, se determina en consecuencias en la presente investigación, que continúan vigentes al 2024, las regulaciones legales y reglamentarias contenidas tanto, en la Sección Primera, del Capítulo IV, del Título III, de la vigente Ley de Minas de 1999; así como, de la Sección Primera, Capítulo III, del Título II, del Reglamento General de la Ley de Minas, de 2001, que hacen referencia exclusiva a la "EXPLORACIÓN", por cuanto se deben aplicar de manera supletoria, al no estar contemplada dicha normativa en las leyes antes indicadas, y por así establecerlo de manera expresa el artículo segundo del Decreto N° 2.165, con Rango,

Valor y Fuerza de Ley Orgánica que Reserva al Estado las actividades de Exploración y Explotación del Oro y Demás Minerales Estratégicos, publicado en Gaceta Oficial de la República N° 6.210, Extraordinaria de fecha miércoles 30 de diciembre de 2015.

Se evidencia con esta investigación, que se mantiene la constante puja de intereses, que desde tiempos inmemoriales sostienen, el Estado, el propietario del suelo donde estas minas se encuentran y quienes intervienen en el aprovechamiento de estas; el derecho, ha sido el vaso comunicante para poder aprovechar ambas propiedades, minimizando sus impactos, la ley, el instrumento coercitivo.

BIBLIOGRAFÍA

Amorer, E. (1991). El Régimen de la Explotación Minera en la Legislación Venezolana. Editorial Jurídica Venezolana. Colección Estudios Jurídicos Nº 45. Caracas Venezuela.

Ayala, J. (1945). Epitome de Legislación y Derecho Minero Venezolano, tomo I, Tipografía Americana, Caracas Venezuela.

Ayala, J. (1945). Epitome de Legislación y Derecho Minero Venezolano, tomo II, Tipografía Americana, Caracas, Venezuela.

Badell, R. (2002). Régimen Jurídico de las Concesiones en Venezuela. Impreso por Editorial Torino. Caracas. Venezuela.

Bahri, R. (2000). Análisis Comparativo Entre la Ley de Minas de 1045 y el Decreto N° 295, con Fuerza y Rango de Ley de Minas de 1999. Universidad de Carabobo. Venezuela.

Bonnemaison, J. (1965). Consideraciones en Torno a la Naturaleza y al Régimen de las Servidumbres Mineras. Universidad de Carabobo. Valencia. Venezuela.

Brewer-Carias, A. (2011). Comentarios Sobre la Ley Orgánica de Nacionalización de la Minería del Oro y de la Comercialización del Oro. Revista de Derecho Público, N° 127, julio-septiembre de 2011, Editorial Jurídica Venezolana. Venezuela.

Catalano, E. (1960). Curso de Derecho Minero y Régimen Legal del Petróleo y de los Minerales Nucleares. Impresora Oeste. Tercera edición. Buenos Aires. Argentina.

Domínguez, M. (1980). Alcances del Decreto N° 2.039 En torno al Otorgamiento de la Concesión Minera en Venezuela. Universidad de Carabobo. Facultad de Derecho. Valencia. Venezuela.

Duque, J. (1966) Manual de Derecho Minero Venezolano, Universidad Católica Andrés Bello, Caracas Venezuela.

FUNEDA. (1998). Expropiación años 1.977-1.996, 20 años de jurisprudencia. Ediciones FUNEDA. Caracas. Venezuela.

Gaitán, F. y **García, M.** (1995). Temas de Derecho Ecológico, Librería Destino, Caracas, Venezuela.

García, C. (2021). Iniciativa Pública y Privada en la actividad Minera en Venezuela: Una Introducción. Revista Venezolana de Legislación y Jurisprudencia. N° 16. Venezuela.

Geigel, N. (1997). Derecho Ambiental Internacional. Equinoccio, Ediciones de la Universidad Simón Bolívar. Baruta. Venezuela.

González, L. (1981). Compendio de Derecho Minero Venezolano, tomos I y II, Colección JUSTITIA ET JUS, N° 3, Facultad de Derecho de la Universidad de los Andes, Mérida, Venezuela.

González, R. (1938). "Aplicación de la Real Ordenanza de Minería de Nueva España en Venezuela". Revista del Colegio de Abogados del Distrito Federal N° 9, Caracas. Venezuela.

Ortiz, A. (1992). Derecho de Minas, Editorial Temis, Santa Fe de Bogotá, Colombia.

Planchart, A. (1939). Estudio de la Legislación Venezolana de Hidrocarburos. Tomo Tipografía Americana. Caracas. Venezuela.

Prieto, E. (1999). Economía, Ambiente, Derecho Minero y Derecho Petrolero. Segunda Edición. Inversiones Prieto Figueroa. Caracas. Venezuela.

Puyuelo, C. (1954). Derecho Minero. Doctrina, Legislación y Jurisprudencia. Editorial de Revista de Derecho Privado. Madrid. España.

Recopilación de Leyes y Decretos de Venezuela: (1976). Tomo LXXXVIII, volumen I. Imprenta Nacional. Caracas. Venezuela.

Ricaurte, M. (2005). Código de Minas Comentado. Universidad Externado de Colombia. Bogotá, Colombia.

Rivas, A. (2002). Derecho Constitucional, Clemente Editores, Valencia, Venezuela.

REFERENCIAS NORMATIVAS

Constitución de la República de Venezuela, ediciones M & D C.A. Caracas, Venezuela, 1.984.

Constitución de la República Bolivariana de Venezuela, Gaceta Oficial de la República Bolivariana de Venezuela, del viernes 24 de marzo de 2000, Nº 5.453 Extraordinaria.

Ley de Minas de 1929, Tipografía Central, Edición Oficial. Ministerio de Fomento. Dirección de Minas, No 782. Caracas, Venezuela. 1929.

Ley de Minas de 1945, editorial La Torre, Caracas, Venezuela, copia de la Gaceta Oficial de los Estados Unidos de Venezuela, Nº 121 Extraordinaria, del 18 de enero de 1945.

Decreto Nº 295, con Rango y Fuerza de Ley de Minas, Gaceta Oficial de la República de Venezuela, del martes 28 de septiembre de 1999, Nº 5.382 Extraordinaria.

Decreto N° 8.413, con Rango, Valor y Fuerza de Ley Orgánica que Reserva al Estado las Actividades de Exploración y Explotación del Oro, Así como las conexas y auxiliares a estas. Gaceta Oficial de la República Bolivariana de Venezuela del día viernes 16 de septiembre de 2011, Ordinaria Número, 39.759.

Decreto N° 8.683, Reforma Parcial del Decreto con Rango, Valor y Fuerza de Ley Orgánica que Reserva al Estado las Actividades de Exploración y Explotación del Oro, Así como las conexas y auxiliares a estas. Gaceta Oficial de la República Bolivariana de Venezuela, del día jueves 15 de diciembre de 2011, Extraordinaria, Número, 6.063.

Decreto N° 1.395, con Rango, Valor y Fuerza de Ley Orgánica que Reserva al Estado las Actividades de Exploración y Explotación del Oro, Así como las conexas y auxiliares a estas. Gaceta Oficial de la República Bolivariana de Venezuela del día martes 18 de noviembre de 2014, Extraordinaria Número, 6.150.

Decreto N° 2.165, con Rango, Valor y Fuerza de Ley Orgánica que Reserva al Estado las actividades de Exploración y

Explotación del Oro y Demás Minerales Estratégicos. Gaceta Oficial de la República Bolivariana de Venezuela, N° 6.210, Extraordinaria de fecha miércoles 30 de diciembre de 2015.

Decreto Nº 2.039, del 15 de febrero de 1977, Gaceta Oficial de la República de Venezuela, Nº 31.175. Ordinaria

Decreto Nº 1.234, mediante el cual se dicta el Reglamento General de la Ley de Minas, Gaceta Oficial de la República Bolivariana de Venezuela, del viernes 09 de marzo de 2001, Número 37.155, Ordinaria.

Reglamento de la Ley de Minas. Copia de la Gaceta Oficial Nº 121, Extraordinario, de 18 de enero de 1.945, Editorial La Torre. Caracas. Venezuela.

REFERENCIAS ELECTRÓNICAS EN LÍNEA

Asamblea Nacional. Período (2001-2005)
http://www.asambleanacional.gov.ve/

Asamblea Nacional. Período (2016-2020)
https://asambleanacionalvenezuela.org/noticias/comision-de-energia-y-petroleo-aprobo-en-primera-discusion-la-ley-de-minas-que-impulsara-una-mineria-responsable-y-sustentable

Berrios, G. (2022). Reconfiguración de la Política y Legislación Minera en Venezuela. Universidad Católica Andrés Bello. https://orcid.org/0000-0001-7951-5151. Venezuela.

Gutiérrez, I. (2014). Breve Reseña de la Concesión Minera de Exploración y Explotación desde el punto de vista legal. Revista del Instituto de Investigación (RIIGEO), Vol. 17, N° 34, pp60-74. Julio-diciembre 2014. https://doi.org/10.20868/UPM.book.63399 Perú.

Herrera, Juan (2017). Introducción a la Minería (2ª Edición). Vol. III: La Exploración e Investigación Minera. Universidad Politécnica de Madrid. España. https://doi.org/10.20868/UPM.book.63399

BAHRI PINTO
EDITOR

www.ingramcontent.com/pod-product-compliance
Lightning Source LLC
Chambersburg PA
CBHW070644240926
51846CB00003BA/776
* 9 7 8 9 8 0 1 8 4 9 1 9 3 *